国語の原風景

―上古の言葉と漢字の知恵

塩原 経央

I　上古から学ぶ国語の教養

I 上古から学ぶ国語の教養

お嬢さん、マツゲの毛ってどんな毛？

いつのころだったでしょうか、街や電車の中で目に厚くつけマツゲ（睫毛）を盛った若い女性をよく見かけました。あのマツゲの美容法には一体どんな効能があったのでしょう。何となく違和感を抱いたのは、世代の違いが齎《もたら》したものでしょうか。ただし、目は確かに女性のチャームポイントの一つで、マツゲ美容もその目を引き立たせる大切な手立てなのでしょう。

さて、そんなこだわりを持つ女性にマツゲとは何であるかを知らない人は恐らくいないに違いありませんが、では言葉としてのマツゲとはどのような成り立ちの語であるか説明できる人はそんなに多くはいないでしょう。

マツゲの**マ**（ma）は目（me）の母音部分（a、e）が入れ替わってできた語で、このような母音の入れ替わりを**母音交替**といいます。次に、マツゲの**ツ**は国語の古い連体格助詞で、今日の「の」と同じ働きをします。それから、マツゲの**ゲ**は**ケ**（毛）が濁った語形です。要するに、何のことはない、マツゲとは「目の毛」という成り立ちの言葉なのです。

それならば、マツゲではなく「目の毛」と言った方が分かりやすいではないか、ということになりますが、一つのものの名をいうのに「目・の・毛」と三つの語で表現するのはいかにも非効率です。そこで、**メ**を**マ**と母音交替させて独立した身体部位名の「マツゲ」が成立することになるわけです。

国語には、母音交替によって新しく言葉をつくる方法があり、同じ目の周辺の身体部位から、そんな成り立ちの語を探してみると、マナコ、マブタ、マナジリ、マナカヒなどがあります。マナコは目の子の意で、**ナ**も古い連体格助詞です。マブタは目の蓋の意、マナジリは目の尻の意（古語にはマジリという語形もあった）、マナカヒは目の交い（目と目の間）の意です。身体部位名のほかにも、マナザシ（眼差し）、マノアタリ（目の当たり）、マバユイ（目映ゆい）、マグハヒ（目合い）などといった語もあります。

一方、メ・マの母音交替なしに一語化した語には、メガシラ（目頭）、メガネ（眼鏡）、メウツリ（目移り）、メガホ（目顔）、メキキ（目利き）、メザマシ（目覚まし）、メザトイ（目敏い）、メモト（目許）など、こちらの方も結構あります。

もし、今後、目にまつわる新しい語が造られるとすると、多分、「メ〜」の語形となるだろうな、と思います。残念ながら、目の母音交替形「マ〜」の知識が、現代人には忘れ去られてしまったからです。マツゲのマツって、松？　待つ？　末？なんて、マツゲを盛ったお嬢さんなら、そんな風に考えそうだと思うので。

手を組んで考えよう、匠って何？

国語の「手」という語も、「目」同様の母音交替によるものが結構あります。例えば、タヅナ（手綱）、タスキ（襷）、タモト（袂）、タグル（手繰る）、タスケル（手すける）、タバサム（手挟む）、タヲル（手折る）など。タスケルは通常、「助ける」と書きますが、助けるという意味の**スケル**に**テ**の母音交替形**タ**が載ってできた語です。それにさらに**テ**を載せたテダスケ（手助け）という語もあるから面白いものです。

「タ～」の語形で、手とのつながりが分かりにくい、次のような語も、よく考えてみるとやはり手の母音交替タを含む語です。例えば、タヅサヘル（携える）。手に持つ、手に取る、という意味の語です。『大言海』は「手取支《タトリサ》ふル意カ」としています。

タクミ（匠）という言葉も、なかなか語の構造を分解して考える人は、そう多くないでしょう。古い動詞にタクム（工む）があり、工夫を巡らす、計画する、という意の語です。『大言海』は「手組《タク》むノ義、手ヲ叉シテ考フル意」としています。現代語のタクムの延、タクラムは、もっぱら悪い意味に使われています。タクムの名詞形タクミは、技巧の上手なこととして「巧み」

と、特にその道の達人の意に「匠」が用いられます。

ところで、今日、あれほど便利に使われてきたプラスチックが、海洋汚染の代表格のゴミとして、世界中から毛嫌いされています。もし、プラスチックに感情というものがあったなら、「それはないでしょう、それは私たちの問題ではなく、あなたたち人間の問題でしょ」と、きっと怒りだすのではないでしょうか。「感謝されこそすれ、悪口をいわれる筋合いはないよ」と。

とはいえ、世の動きはプラスチックにとって抗しがたいのは事実で、プラスチックにはいささかの同情を禁じ得ませんが、きっと身の回りの生活用品からプラスチックのなくなる日が遠からずやってくるに違いありません。でも、そのことによって、不便が強いられることもないのではないかと、筆者は案外楽観的です。

というのも、わが技術立国・日本には、モノづくりの匠としての実績と大きな可能性があることを確信しているからです。テレビや新聞の報道では、既に洗ってもオーケーという紙製の食器や衣料品が開発されているそうです。プラゴミ追放がかえって新しい製品開発を促し、新たなビジネス機会を拡大する、そんな匠の国・日本の技術力に、など か信措《お》く能わざるやと思うからです。

手先が器用な人が多いといわれる日本は「匠の国」として、世界から尊敬されています。（反日国是のいずこかの国家を除いては?!）

酒壺になりたいという歌もありました

目（me）も手（te）も母音が〈e〉で、それがマ、タと母音〈a〉に交替していることが分かりました。同類の語としては、目や手ほど多くないが、毛（ke）がシラカ（白髪）の**カ**に交替する例があります。今日では、シラガとカが濁りますが、清寧天皇の和名は白髪武広国押稚日本根子天皇《しらかのたけひろくにおしわかやまとねこのすめらみこと》というように、清音カの語形だった時代もあるのです。

e→aの語例を二音の語から拾うと、雨（アメ→アマ、雨傘、雨蛙、雨靴、雨合羽）、金（カネ→カナ、金物、金盥、金鎚、金棒）、船（フネ→フナ、船大工、船宿、船橋、船足）、胸（ムネ→ムナ、胸騒ぎ、胸算用、胸乳、胸突き八丁）などがあります。

酒もそうです。**サケ→サカ**と母音交替します。サカの付く語は、サカヅキ（盃、ツキは坏、酒を飲む器の意）、サカダル（酒樽）、サカヤ（酒屋）、サカグラ（酒蔵）、サカモリ（酒盛り）、サカバ（酒場）、サカダイ（酒代）など結構あります。

酒代といえば、酒の代金のことで、同義語にサカテ（酒手）があります。酒手は、自分のためにちょっとした働きをしてくれた人に渡すチップという意味もあります。ところで、酒手の手は代金の意味なのですが、ハンドの手から随分離れた語義です。手の働き↓手立て↓代わりとなる物↓対価というふうな語義の拡張なのかもしれません。

『岩波古語辞典』によると、万葉集の万葉仮名に「直《あたい》」の字でテの音を表したものがあり、また「価《あたい》」の字でテの音を表したものがあるとのことです。調べてみますと、**何時《いつ》はしも恋ひずありとはあらねどもうたてこのころ恋し繁しも**（二八七七）の「うたて」を「得田直」で表しています。ちなみに、この歌の現代語訳は「どんな時に恋が静まるというわけではないが、このごろは特に恋心が募るばかりだ」（岩波書店『新日本古典文学大系　萬葉集三』）ということになります。また、「価」の例としては、**うたて異《け》に心いぶせし事計《ことはか》りよくせ我が背子逢へる時だに**（二九四九）の「うたて」を「得田価」で書き表しています。歌意は「一層気がふさぎます。何か良い工夫をしてください、あなた。逢っている時だけでも」（同）。上代から、直（値）、価の意にテという言葉が使われていたことが分かります。

筆者は音痴のせいもあって、カラオケは全くダメで、誘われても行かないタイプですが、酒の歌といえば、八代亜紀の「お酒はぬるめの燗がいい～」（舟唄、阿久悠作詞）なんて曲が何となく耳の中に聞こえてきます。「酒は涙か溜息か　心のうさの捨てどころ～」（高橋掬太郎作詞）なんて歌も、やはり耳の中に残っています。美空ひばりの「悲しい酒」やら、細川たかしの「北酒場」やら、酒にまつわる演歌、流行歌はかなりあって、それぞれが時代を映す鏡とさえなっているように思います。

そんな民衆に愛されてきた酒の歌ですが、白眉というか、元祖酒の歌といえば、やはり万葉集の大伴旅人の「酒を讃めし歌十三首」でしょう。

言はむすべせむすべ知らず極まりて貴きものは酒にしあるらし（三四二）

言うべくもなすべくも知らないほど貴いものの極みは酒だと、酒を大絶賛しています。そればかりか、

なかなかに人とあらずは酒壺になりにてしかも酒に染《し》みなむ（三四三）

中途半端に人間でいるよりも酒壺になって酒に浸っていたい、というのですから、酒好きの筆者さえ呆れさせるほどです。

もっとも、かく言う筆者も、地元の音楽家・須永友章氏の慫慂《しょうよう》で、自作文語詩をＣＤにしたことがあり、そこに、

一望　黄金《こがね》の稲穂　馨《かぐわ》しさ満ち満ちて／軈《やが》て巫女《ふじょ》に醸《か》まれて醇酒《じゅんしゅ》とはならむ
行き往きて　漫《すずろ》に思ふ／故園の流水　悉《ことごと》く酒に変ずるを

などと書いています。恥ずかしながらご披露しました。

さて、人間にそれほどの幸福をもたらす酒ですから、神様にもぜひとも献じなければなりま

せん。しかし神様に献じる酒は、サケではなく、ミキ（神酒、御酒）またはオミキ（御神酒）といいます。御神酒は漢字表記の通りオが尊称・美称、この場合は神のものに付ける接頭語です。ミは神ですから、サケはキの部分がその意味を表しています。では、言葉としてのサケ、キとはどんな成り立ちなのか。

江戸時代の辞書『倭訓栞《わくんのしおり》』は、酒は栄えの義だとしています。つまり、sakaeの末尾のaeが融合してeに転じたものということです。飲むと、笑いさかえ、楽しむところから酒という語ができた、と。

『大言海』は古書を引いて「汁食《しるけ》ノ転ナリト云ヘリ、しるけガ、すけト約マリ、さけト転ジタルナラム」とし、上代で酒といえば濁り酒だから、自ずから食するものだ、と。キについては、「醸《カミ》ノ約」としています。つまり、kamiのamが約められてkiになったということです。なお、「醸む」とは今日の「醸す」の古い時代の同義語です。

一方、『語源大辞典』（堀井令以知編、東京堂出版）には「サケのサは接頭語、ケはキ（酒）から。キは、酒の古語である」としています。接頭語のサはサユリ（小百合）、サギリ（狭霧）などの**サ**の仲間と思われますが、**サケ**の**サ**と意味の共通性を考えてもよく分かりません。

身近なものでも、言葉の成り立ちがはっきりしないものって、逆に奥が深いと思ってしまいませんか。

ウケモチの神から生まれたお稲荷さん

e→aの母音交替の二音の語例では、稲（イネ→イナ、稲穂、稲妻、稲筵、稲光）もあります。全国の大概の町や村に鎮座しているお稲荷さんの稲荷も、その成り立ちは**イナナリ**（稲生り）です。稲の豊穣を加護してくださる農耕民族にとってありがたい神様です。

狛犬ならぬキツネが神様の使いです。稲の田を荒らすネズミを捕って食うキツネということでその役割を振られたとの由です。供物として油揚げを献じるのは、そんなキツネへのお礼なんですね。イナリを稲荷と書くのは、神像が稲を荷っているからとの説があります。

東京・中野区に伏見稲荷の末広大神の分霊を勧請し、その後、昭和五年、解脱会開祖の岡野聖憲師がその神徳の高さに感ぜられ世に出したとされる五柱五成神社《ごしゃいなり》があります。衣食住の一切を掌る神として、多くの参拝者がいるそうです。斎主は筆者の知友・稲子知義氏で、稲の子が稲の神を祀る斎主というのは、まさにぴったりです。「五成」の五はイツツ（五つ）、イツカ（五日）のようにイと訓じます。

『日本書紀』の記す一書《あるふみ》に、葦原中国《あしはらのなかつくに》に保食神《うけもちのかみ》がいると聞いた天照大神が月夜見尊《つくよみのみこと》に命じて見に行かせたところ、保食神が口から飯や大小の魚、狩猟の獲物を出して、それで供応したところ、汚らわしいと怒った月夜見尊が斬り殺した話も出てきます。身罷《みまか》った保食神の腹の中に稲が生ったというところから、お稲荷さんには、大体保食神が祀られています。

伊弉冉尊《いざなみのみこと》が火の神・軻遇突智《かぐつち》を生んだがために焼かれて死んでしまったことを悲しんだ伊弉諾尊《いざなきのみこと》が剣を抜いて軻遇突智を斬り殺した血しぶきから生じた神の中に倉稲魂《うかのみたま》の名があります。

倉稲魂命と保食神は同一神で食物を意味する**ウカ**が母音交替したのが**ウケ**の語形です。このケは「朝餉《あさげ》・夕餉」という言葉に痕跡をとどめています。ちなみに、大野晋編『古典基礎語辞典』（角川文芸出版）によれば、食のケは「食器の意を表すケ（笥）から転じた語」とあります。『古事記』では、この神は大宜都比売《おほげつひめ》とされます。オホ（大）・ゲ（食物）・ツ（連体格助詞「の」に相当）・ヒメ（姫）に分析できます。したがって、ウカ・ウケのウはもしかするとオホの転訛かもしれません。

伊勢神宮外宮には、内宮に祀られる天照大御神の食事を受け持つ神・豊受大御神《とようけのおほみかみ》が祀られていますが、**トヨ**は**オホ**と同じく美称であり、まさに記紀が記す食物神ウケモチノカミの異称です。

笥は「古形カ（瓮）の転じた語」（同）です。

イカヅチ、大空を走る

カミナリとは神鳴り、つまりは雷鳴のことです。ゴロゴロと天において強烈な威嚇音を発します。そこで、イカヅチという同義語もあるのです。霊威を表すイカ（厳）・ツ（連体格助詞）・チ（霊格）という成り立ちの語で、厳めしい霊格という語義を持ちます。

「神代紀」の一書に、イザナキがカグツチを剣で三段に斬り捨てたうちの一つが雷神《いかづちのかみ》となったとあり、また一書には剣の鐔《つみは》（鍔《つば》のこと）からしたたった血が注いで生った神に、ミカノハヤヒノカミ（甕速日神）、ヒノハヤヒノカミ（熯速日命）、タケミカヅチノカミ（武甕槌神）、剣の先から滴る血が注いで生った神にイハサクノカミ（磐裂神）、ネサクノカミ（根裂神）、イハツツヲノミコト（磐筒男命）が生じたとあります。

岩波文庫『日本書紀一』の注によれば、ミカノハヤヒの**ミカ**はミイカの約、すなわち**ミ**（神のもの、行為に付く接頭語）・**イカ**（厳）、**ヒ**は霊威を持つ霊格の意で、**ハヤヒ**は素早く走る雷神の威力、すなわち電光です。熯は「暵」に同じで、乾く意。「熱によって物を乾かすことの早い意であろう」と注しています。タケミカヅチの**タケ**は猛々しいのタケ、すなわち猛々しい雷神、イハサク・ネサクは落雷によって岩を裂き、木の根を裂く雷神の威力を神様にしたものです。イハツツヲの**ツツ**は粒の古語で、やはり落雷によって粉々に飛び散るさまを神様にしたものです。要するにみなイカヅチのことなのです。

雷鳴の衝撃のほかに、まさにミカノハヤヒノカミの示す通りのイナヅマという視覚的衝撃も併せ持ちます。とても恐ろしいものですが、古代の人々は雷を恐れ、また畏れたことが、多くの雷神を生み出した『日本書紀』の記述から読み取れます。と同時に「景行紀」の「今朕《われ》、汝《いまし》を察《み》るに、為人《ひととなり》、身体《むくろ》長《たか》く大《おほき》にして、容《かほ》姿端正《きらぎら》し。力能《よ》く鼎《かなへ》を扛《あ》ぐ。猛きこと雷電《いなつるび》の如し」という記述を見れば、単に怖いだけでなく、「猛きこと」を褒める比喩にも使われています。

ところで、イナヅマは食の基本の米を齎《もたら》す稲と夫婦関係にあると、農耕民族である古代の人々は考えたようです。でも、待てよ、と想像力豊かな人なら、イナヅマが妻なのは変じゃないかと考えるに違いありません。稲妻は雷様の天からの光の射精なのだから、稲と夫婦というなら、男性の方ではないか、と。もっともではありますが、古語のツマは「結婚にあたって、本家の端《つま》に妻屋を立てて住む者の意」（『岩波古語辞典』）で、男女ともにツマと呼んだのです。男はそこに通って、妻と愛し合いました。妻問い婚です。だから、本当は「稲夫」と書いてイナヅマと訓じる方が、語義的には通りが良いと思います。いずれにせよ、イナヅマと稲との生殖行為（これをイナツルビという）、何という壮大な夢想なるかな、です。

変幻自在の「木」という言葉

国語の母音交替にはiとoというのもあります。火（hi）はhoに交替します。ホノホ（炎、火の穂の意）、ホテル（火照る）、ホカゲ（火影）、ホタル（蛍、火垂るの意）、ホムラ（焔、火群の意）など。木（ki）もkoに交替します。コノハ（木の葉）、コッパ（木端）、コズヱ（梢、木末の意）、コノミ（木の実）、コモレビ（木漏れ日）、コダチ（木立）、コノマ（木の間）など。

木に咲く花の意にコノハナ（木の花）という語もあり、「神代紀」の一書に次のようなエピソードが記されています。皇孫・アマツヒコホノニニギノミコト（天津彦火瓊瓊杵尊）が高千穂の峯《たけ》に降臨した後、「海浜《うみへた》に遊幸《いでま》して、一《ひとり》の美人《をとめ》を見《みそなは》」しますが、その娘の名は「木花開耶姫《このはなさくやびめ》」と人名、それも美人の名にも採られています。

新築の劇場などの最初の興行を「こけら落とし」といいますが、コケラとは「こけハ、木削《コケヅリ》ノ下略」と『大言海』にあります。木端のことです。こけら葺きのコケラも同語ですが、板屋を葺くのに用いる長方形の薄い木材の意で、特に、檜、槙、椹《さわら》などが使われます。木（ki）はまた、kuにも交替します。「神代紀」の一書に、イザナキとイザナミが国生みをした後に生んだ神の一柱に「木神等《きのかみたち》」があり、それを「句句廼馳《くくのち》と号す」と記述しています。ククはキキ（木木）、ノは連体格助詞、チは霊威ある神格の意です。

キコリ（樵）のコリはキリ（伐り）の母音交替で、木・切る（人）という成り立ちの語です。コルはコ・キルの略か、或いは木（コ）を活用させた語かもしれません。

概念が少しずつずれますが、イシ（石）とイソ（磯）の関係も、i―oの母音交替で、さらにイサゴ（砂）も同根の語です。これはi―o―aの母音交替ということとなります。

色の青（アヲ）とその原料の藍（アヰ）もi―oの母音交替の関係です。

同様に、同根の語で「心に沁みる」などというシミルのシミはソメル（染める）のソメとi―oの母音交替の関係です。シミはシメにもi―eの母音交替をして、シメヤカ、シメル（湿る）などの語を造ります。上古の人々の造語法の一端を垣間見る思いがします。

記紀でオキナガといえばすぐ思いつくのが神功皇后の和風の御名「息長帯日売命《おきながたらしひめのみこと》」（『古事記』）、また「気長足姫尊《おきながたらしひめのみこと》」（『日本書紀』）です。なお、『常陸国風土記』の行方郡の条にある表記は「息長足日売《おきながたらしひめ》」です。オキナガ自体は地名とのことですが、その文字遣いを見ると、オキは「息」「気」ともにイキ（息）の意です。オキはイキの母音交替です。イキは生命活動の根源で、ナガは長く続く、つまり伸びしろの大きいさまをいうわけですから、要するに〝生命力の盛んな、精力的な〟の思いを投じたものではないでしょうか。

鬼怒川はもしかして東国の紀の川では

筆者在住の群馬県はその昔、「かうづけの国」と呼ばれていました。そのまた昔は「かみつけの国」です。お隣の栃木は「しもつけの国」です。「かみ」「しも」は朝廷に近い方がカミ、遠い方がシモです。「つけ」の「つ」は連体格助詞。では尻尾の「け」とは一体何？　古くはカミ・シモ一体で単にケノクニと呼ばれ、毛野国と書かれていました。カミ・シモに分かれたのは、後の仁徳天皇の頃とのことですが、はっきりしたことは分からないようです。また、ケノクニの領域は栃木の那須地方は含まず、別途「那須の国」とされていたという説もあるそうです。いずれにせよ、ケノクニのケはジョウモウ（上毛）という名が示す通り、ヘアの毛の漢字をもって古書に書かれているわけです。

「毛野国」とは何か。文字の上から、毛むくじゃらな未開の原住民が暮らしていたところなんて考えるのは俗説の類です。では「毛野国」とはいったい何か。**ケ**はウケモチノカミ（保食神）の**ウケ**の省略、つまり食物・穀物の意だとして毛野国とはすなわち食糧となる物をたくさん生産する国という趣旨の説明をする書もあります。

『日本書紀』には確かに**ウケ**の省略形の**ケ**の意味に「毛」の字を当てた例はあります。例えば「応神紀」に、吉野の宮に出でました折に、吉野川上流に住んでいた国樔《くず》と呼ばれていた人がそこにやって来て、土毛を献じたというくだりがあります。土毛はクニツモノと訓じられています。ちなみに、国樔のクニツモノは栗や、キノコ、アユの類だとしています。

しかし、毛野国の呼び方が成立した頃、本当に食糧豊富だったの、と筆者は首を傾げます。往時の東国の土地土地の様子はどうだったのか、それを知るのに持って来いの記録に『風土記』があります。和銅三（七一〇）年、都が平城京に移されてから二年後に『古事記』が成立しました。その翌和銅六年に、畿内だけでなく全国七道諸国の郡や郷の名前に好字を用い、またそれぞれの国の鉱産物、木や草、獣や鳥、魚、虫などの産物、また土地が豊かなのか痩せているのか、山や川の名の由来などを土地土地の古老に聞き報告書を出せという詔《みことのり》が下されました。

残念ながら、毛野国の風土記は残っておらず、群馬県の往時の様子が直接的にはつかめませんが、幸い近隣の常陸の国（茨城県）の風土記が残っているので参考にすると、例えば「行方郡」の項に、「野の北に、櫟《いちひ》・柴《くぬぎ》・鶏頭樹《かへるで》等の木、往々《よりより》森々《しげ》りて、自《おのづか》ら山林を成せり」とか、「社の側《かたはら》の山野は、土壌腴衍《つちこえ》て、草木密生《しげ》れり」とか「猪《ゐ》・猴《さる》・狼、多《さは》に住めり」などという光景が次々に現れます。さらに、田はどのくらいあり、住む人の戸数はこれこれといったことが記されているのですが、共に現代の感覚からすればとても少ないのです。

田を作るには水と水を引く用水路が確保されなければなりません。そうした土木事業が古代にどのくらい進んでいたのか疑問ですし、とても豊かな食べ物（特にコメ）を生産できる状況にはなかったと考える方が実際だったのでは、と推察されます。むしろ、山には雑木が生い茂り、野には草がぼうぼう、低湿地には葦などが所狭しと生えているような光景の方が、東国の実際の様子だったのではないかと考えてしまいます。そういう原野を、人々が少しずつ開拓、開墾していったのが古代だったのではないかと思うわけです。

そこで、私が想像するのは、毛野国の**ケ**は**キ**、すなわち樹木の意の木ではなかっただろうかということです。同じ『常陸国風土記』の新治《にいはり》郡の項に、「東は那賀《なか》の郡の堺なる大き山、南は白壁の郡、西は毛野河《けぬの》、北は下野《しもつけの》と常陸と二つの国の堺にして…云々」とあります。ここに出てくる「毛野河」とは今の鬼怒川のことです。鬼が怒る川と書きますが、地名の字面に騙されてはいけません。地名は音の方に本当の意味が隠れている場合が多いのです。

三重県の一部を含む和歌山県は、かつて「紀伊国」と書いてキノクニと呼ばれました。「紀伊」は大宝年間、西暦にすると七〇一年から七〇四年の間ですが、国名表記は漢字の好字二字をもってせよということになったときに「紀」の字だけでは一字なので、その字音**キ**を長く延ばしたキーの延ばした音に「伊」を当てた表記で、読み方はキイノクニではなくキノクニでした。キノクニとはまさに樹木の国の意で、そこには紀の川が流れています。

毛野河すなわち鬼怒川はキノカハの東国訛りで、和歌山の紀の川になぞらえられる名前ではないのか、西の木の国が紀伊国、東の木の国が毛野国だったのではないか、こう想像するわけです。「景行紀」に、九州の地に鼻垂《はなたり》と耳垂《みみたり》という賊がいて、このうちの耳垂は御木の川上に盤踞《ばんきよ》していたという記述があって、御木に「此《これ》をば開《け》と云ふ」（ミキと読まずミケと読め）という注書きがあります。それから、同じ「景行紀」に、「筑紫後国《つくしのくにのみちのしりのくに》の御木《みけ》に到りて、高田行宮《たかたのかりのみや》に居《ま》します」ときに、時の人が「朝霜の御木のさ小橋群臣《をばしまへつきみ》い渡らすも御木のさ小橋」と歌詠みすると、天皇がこうお尋ねになります。「是何の樹ぞ」と。すると、一人の翁が「是《こ》の樹は歴木《くぬぎ》といふ」と答えます。要するに、ミケのケは間違いなく木のことを指しているのです。このほか『万葉集』の防人の歌に、

父母が頭《かしら》かき撫で幸《さ》くあれて言ひし言葉《けとば》ぜ忘れかねつる（四三四六）

というのがあり、「幸くあれて」は「幸くあれと」の「と」が「て」に交替した語形だし、「けとばぜ」は「ことばぞ」の「こ」が「け」に、「ぞ」が「ぜ」に交替した語形になっています。東国訛りではoの音がeに交替する現象がみられるのです。また、

松の木《け》の並《な》みたる見れば家人《いはびと》の我を見送ると立たりしもころ（四三七五）

のようにずばり木を**ケ**と読んだ例もあります。毛野河が木の川である傍証になるのではないか、そんなことを考えながら想像を楽しんでいます。

調べてみると気づきがいっぱいの身体部位語

目（メ）の母音交替**マ**や、手（テ）の母音交替**タ**でできた語については既に書きましたが、他の身体部位も活躍して国語の語彙をそれなりに賑やかにしてくれています。

まずは、恐らく意外に感じるでしょうところから始めます。一番バッターは、腕。その腕を動詞化した言葉がウダク（抱く）。**ウダ**は**ウデ**の母音交替です。「神功紀」に「吾《われ》は天下《あめのした》を貪《むさぶ》らず。唯幼《ただわか》き王《みこ》を懐《うだ》きて、君王《さみ》に従ふらくのみ」という用例があります。

このウダクの**ウ**が**イ**に母音交替したのがイダク。現代語では**イ**を落とした**ダク**が一般的で、イダクの方は「赤ちゃんをイダク」ではなく「赤ちゃんをダク」といい、イダクは「恨みをイダク」「恐れをイダク」のように抽象的な語に用いることの方が普通です。

『大言海』はウダクを「腕纏《マ》くノ約ト云フ、転ジテ、むだく、いだくトモナル」としていますが、『書紀』の用例に見るように、「懐《ふところ》」の字をウダクと訓じているので、ダク行為の主役は腕ではなく懐の方という解釈もあり、『岩波古語辞典』は「ム（身）タキの転。タキは腕を働かして事をする意」と説明しています。

筆者の根拠のない解釈は、ム（身）ウダ（腕）ク（活用語尾）となりますが、果たしてどうでしょう。これならばダク行為は身（懐）と腕の共同作業になります。

次に、肩。カタゲル（担げる）は、肩に載せて担ぐ意です。その**カタ**が母音交替して**カツグ**（担ぐ）になるわけです。肩の動詞化と考えてよいと思います。相撲の技の一つにカチアゲというのがありますが、カチはカタの母音交替かもしれません。

背（セ）の古い語形は**ソ**でした。古語のソビラは、ソ（背）ビラ（平）で背中の意でした。ソムク（背く）は漢字表記自体が背の動詞化を示唆しています。語の成り立ちは、ソ（背）・ムク（向く）、つまり背を向けるから反逆する意になるのです。ソル（反る）も、背後に弓なりになる意で、ソ（背）の動詞化です。

腹は、腹這う、腹鼓、腹立ち、腹巻のような語を造りますが、漢字を使った表記の通り、何となく複合語の感が否めません。でも、孕むになると、漢字の腹から離れて、独立した一語の感があります。もちろん、孕むも腹の動詞化なんですけどね。

クビ（首、頸）は、いやな言葉ですが、クビル（縊る、頸を縛って殺す意）、ミクビル（見縊る）、クビキ（軛、牛に労働させるべく車などを引っ張らせるためにその首に渡した木の意）などの語を作ります。

アタマ（頭）には、カシラ、カウベ、ツブリ（ツムリ）などの同義語がありますが、それぞれ成り立ちが違い、意味も少しずつ違いがあります。

現代語では、身体部位としての頭部をいう語はアタマが一般的でしょうか。頭が痛い、頭が重い、頭を下げるなどのほか、頭がいい、頭が悪い――のように頭脳を指していう場合もあります。カシラはお頭、組頭、若頭、頭分など、人の集まりの統率者の意に使われます。頭文字の頭は一番上（トップ）の意で、お頭などの意味と共通する概念があります。目頭は目尻の反対で、目の鼻に近い方を指していう語ですが、これは横並びでも中央に近い方を頭と解する考え方によるのでしょう。

身体部位としてのカシラという語は『岩波古語辞典』によると「カシヅキのカシと同じ。ラは接尾語」という成り立ちの語で「頭髪や顔を含めて、頭全体を身体の一部分としてとらえた語」、カウベは「カミヘ（上辺）の転」で「頭髪を含めて、頸から上の全体の称」ですから、意味的にはカシラとカウベはほとんど同義の語といえますが、「カウベは頭部を身体から離してとらえた語。カシラには『結ふ』『剃る』などというが、普通カウベにはいわない」とされ、使い方が違うことになります。

一方、アタマはお灸のツボの一つの「当間《あてま》」の転であると『大言海』が記述しています。頭のてっぺんの前部分をいう語だったのが、現代では頭部丸ごとを指してアタマといっています。

ツブリのツブは粒と同根で、アタマはマルイ（丸い、円い）のでツブリといい、ツムリはツブリのブがムに子音交替した語形です。ケムリ（煙）を古くはケブリといったのと同工です。現代口語のオツムはツムリから派生した言葉です。

尻は身体のウシロ側の部位です。そこでマヘ（前）の反対側をシリヘ（後方）といいます。マエのマは目で、ヘは方向を表す接尾語、合わせて目の方向の意です。シリヘは、ですから尻の方向の意になります。

シリヘと同義語で、今日ではこちらの方が一般的なウシロ（後ろ）は、ミ（身）の母音交替ムとシリ（尻、後）の母音交替シロが結びついたムシロからの変化です。シリゾク（退く）は、シリ（尻、後）にソク（退く）の付いた成り立ちの語です。

股は動詞化してマタグ（跨ぐ）という語を造り、足は古形アからアユム（歩む）、アルク（歩く）、アガク（足掻く）などの語をつくります。

歳を取ると、時々脛《すね》の後ろ側のふっくらしたところが急に痙攣《けいれん》を起こして、痛みに苦悶することがあります。これをこむら返りといいますが、コムラは漢字で書くと「腓」です。手の筋肉のやはりふっくらしたところをタコムラ（手腓）といいますが、現代人はもう知らないかもしれません。『新明解国語辞典』では、コムラは「『ふくらはぎ』の意の老人語」とあります。タコムラに至っては見出しも立っていません。言葉にも盛衰があるのですね。調べてみますと、いろいろ面白いことが見えてきます。

「読む」の大本の意味とは？

『大言海』はアリクとは「両脚ヲ、互ニ繰返シ動カシテ、進ミ行ク」ことなので語源は「足繰行《アクリユ》クノ約略ナルベシ」と見立てています。アリクの現代語形はアルクですが、では、類義語のアユム（歩む）とアルクとはどこがどう違うのでしょうか。

アルクは「街歩き、山歩き、食べ歩き、外歩き、夜歩き」のような語を造りますが、着実に歩を進めるという語感がありません。「歩き回る、そぞろ歩き、ぶらぶら歩き、（うわさの）一人歩き」のように、気ままにあちこちに足を運ぶイメージがあります。

一方、アユムの方は「そぞろ歩み」とか「ぶらぶら歩み」などといった言い方は決してしません。アユムは一歩一歩着実に足を運ぶという足の運び方なのです。それはアユムの成り立ちが、ア（足）ヨム（読む）であるところから来ています。

ヨムという動詞は、今日「本を読む」「新聞を読む」のように最も普通には文字を読む意味に使われます。文字を読んで、書いてあることを理解する行為です。そこから、語義を拡張して、「相手の気持ちを読む」「裏の裏を読む」などといった用法も行われるわけです。

しかし、文字のなかった時代のヨムとは一体どういう動詞だったのでしょう。それをコヨミ（暦）という言葉から考えてみます。コヨミのコとは、日を数える時、フツカ（二日）、ミッカ（三日）、ヨッカ（四日）、またミソカ（三十日）などというカ（日）の母音交替形で、ヨミ（読み）は文字を読む意ではなく、日を数えるという意味で、ヨムとはもともとはそういう意味の言葉だったのです。

ココミは一日単位で日を数えつつ、毎年水田の耕起に取り掛かるのは某月某日頃であり、ホウレンソウの播種、またじゃがいもの植え付けは某月某日の頃であり、水稲播種、また田植えは某月某日の頃であり、などといった農事の知識を書き記したものが農事暦です。今日私たちが手に取ることのできる暦はこれに家事知識や年間行事、節句、二十四節季、七十七候、月の満ち欠け、或いは大安、仏滅などの日の吉凶などを集めたものです。

文字のなかった時代は、経験豊富な頭のいい老人が、頭の中で日を数えて、つまりカ（日）・ヨミ（数え）をして、村落の農事を指導していたに違いありません。そういう人をヒジリ（聖）といいます。聖はヒ（日）・シリ（知り）だからです。現代風にいえば、知識人？　教養のある人？　ヒジリは、決してお坊さん専用の語ではないのです。

アユム（アヨム）は足で一歩一歩数えるように歩を進めるという成り立ちの語ですから、ぶらぶら歩みやら、そぞろ歩みなどという言い方はしないのです。

ムクロが立派と言われても

ミ（身）は、体のことをいう語で、時にムと母音交替します。「景行紀」に、西方の熊襲を征伐したばかりのわが子日本武尊《やまとたけるのみこと》を褒めて、東方征伐にも使おうとする景行天皇の思惑が行間にありありの次のようなくだりがあります。「為人《ひととなり》、身体《むくろ》長《たか》く大《おほき》にして、容姿端正《かほきらぎら》し」「即ち知りぬ、形は我が子、実《むざね》は神人《かみ》にますことを」と日本武尊を褒めておだてるのです。この天皇の言葉の中にある身体をムクロ、実をムザネと訓じています。

『岩波古語辞典』は、ムザネは「ム（身）サネ（実）の意」とし「まさしくそのもの。実体」と語釈しています。ムザネは残念ながら現代語として遺っていませんが、ムクロの方はなお使われています。しかし、現代語のムクロは死んだ人の体の意に使われます。だから、現代人なら、いくらガタイがいいと褒められても、ムクロと言われていい気持ちにはなれないでしょう。でも、大丈夫。古代のムクロは死体ばかりでなく生きている体にも使われたのです。

『大言海』は説文の「軀、體也」を引いて「身胴《ムカラ》ノ転ト云フ」としています。説文のいう「軀」は、ムクロです。それは「體」だとしているのです。胴《カラ》とは何か。胴体ばかりでなく、体全体を表しています。『古典基礎語辞典』の「から（殻・骸・軀・空）」の項に「原義は、動植物の外部をおおっている固い皮、つまり外殻の意」だとあります。つまり内実（生命活動を行っている実体）を庇護する衣装のような感覚で捉えた言葉なのです。蟬の抜け殻のカラは、確かに生き物としての蟬が抜け出る前に包まれていたモノを指しています。カラダ（体）という言葉も「軀立《カラダチ》ノ略」（『大言海』）で、元来は外殻感の強い語でした。ちなみに、枝という語も、エダチ（枝立）という成り立ちの語です。

マメガラ（豆幹）といえば、実を取った後の残りかす、つまり茎や枝や莢《さや》のことをいいます。盆の迎え火や送り火に焚くヲガラ（麻幹）といえば、麻の糸を取り出した皮のことをいいます。イモガラといえば、里芋の茎をいいます。いずれも、内実をくるんでいるものを指した言葉です。ムクロという言葉に死体の意という語感が強いのは、カラはあくまでも内実そのものではなく、外側で大切なものを包む役目をするだけのものだから、死んで魂が抜けたそれは、中身の空っぽな物体に過ぎなくなるわけです。殻・幹・軀といったカラから空のようなカラが派生するのもうべなるかな、であります。

こんなわけで、人間の体についていうと、「生命のこもった肉体を『身』というのに対して、生命のこもらない形骸としての身体」（『岩波古語辞典』）をいうのが本当はカラダ（体）だったのです。

魂や命は体の中にくるまれている

体とは生命活動の内実をくるむ皮だとしたら、体にくるまれている内実って一体何なの、というのが次の問題です。果物の実はサネとも訓じ、核すなわち中心点（一番大事なところ）の意です。実は真実の実でもあり、マコトの意をも表します。リンゴもナシもミカンもみな剥いた皮は大体捨てられ、食べるのは実の方です。

では、人間にとって皮膚という殻で包まれているものって一体何なんでしょう。モノとしての扱いの視点でいえば、実際にくるまれているのは五臓六腑ということになります。五臓六腑それぞれの働きは、生命活動に不可欠です。しかし、医学知識などないであろう古代の人々が、殻でくるまれた大切なものを五臓六腑と果たして考えただろうかと、筆者は思うのです。

そこで、五臓六腑をも働かせるもっと上位の生命の根源、つまりイノチ（命）という力の源、或いはタマシヒ（魂）というものについて、先人はどう考えていたかを考えてみたいのです。『日本書紀』や『古事記』などを読んでいると、いろんな神様の名が出てきます。それらの中から、御霊《みたま》の霊格、人に人格があるように御霊にも霊の格があって、それを表す語根に、ヒ、ミ、チの三つのいずれかを持つ神名があります。

まずヒですが、タカミムスヒノミコト（高皇産霊尊）、カムミムスヒノミコト（神皇産霊尊）、ミカノハヤヒノカミ（甕速日神）、ヒノハヤヒノカミ（熯速日神）などに付く**ヒ**で、『古典基礎語辞典』によると、ヒは「自然物の生成や種々の作用をおこす活力、神秘的な力。霊力」と説明されています。

次に、**ミ**は山の神・ヤマツミ（山祇）、海の神・ワタツミノミコト（少童命）などの**ミ**で神霊を表す、と、やはり『古典基礎語辞典』にあります。

それから、チの付く神の名としては、イザナキ、イザナミが国生みした後、海や川や山を生み、次に生んだ木の祖《おや》ククノチ（句句廼馳）がありますし、野の精霊はノツチ（野槌）と、やはりチが付きます。イザナミは火の神も生みますが、その名はカグツチ（軻遇突智）です。カグはカグヤヒメ、カギロヒ、カガリビなどの語を構成するカガで、光によってできる像ないしは明暗をいい、ツは連体格助詞、そしてチは勢いを持つ霊格の意です。

イカヅチ（雷）、オロチ（大蛇）のチもこの類でしょう。

さて、こうしたことから、タマシヒという語の成り立ちを分析すると、**タマ**はそれ自体がタマシヒの本質でもありますが、それは恐らく霊の想像上の形状をいう言葉で、尻尾のヒはタカミムスヒなどの**ヒ**と同じ霊格を表す語です。では、**タマ**と**ヒ**を結ぶ**シ**とは何か、『大言海』はシを**イキ**（息）と見立てています。息はイキモノを生かす根本の活動です。

古い言葉に水中に長く潜っていられる鳥という意味で息長鳥と書いてシナガドリという鳰《にお》、つまりカイツブリの類の鳥を指す語がありました。「息が長い」でシナです。

というわけで、**タマシヒ**とは玉の形をしていて、息をして生き物を生き物として活動させている尊い霊格とでも説明することができるのではないでしょうか。

それと同じように**イノチ**という言葉も、頭の**イ**の音は、息を吹くと書いて息吹《いぶき》と読むように息をいう**イ**で、この**イ**と、霊格を表す**チ**とを連体格助詞の**ノ**によって結んだ言葉とみることができます。やはり息をして生き物を生き物として活動させている尊い霊格という成り立ちの語ということになります。

生き物、特に人間はとかく自分の力によって生きているとうぬぼれがちですが、本当はこうした目に見えない尊い霊格によって生かされているのです。日本人の心の深層にはそういう心組みが隠されているように思います。

だから、人は死ぬと、魂や命が体から抜け出ます。いや、逆に魂や命が体から抜け出た状態を「死ぬ」というのです。カラダの**カラ**とは、草や木が枯れるというときに用いるカレルという動詞の語幹**カレ**と同根の語で、水分が失われ命のなくなったカラッポのものという意味です。

魂や命が抜け出た身体は内部がカラッポ、ガランドウの物体に過ぎないのです。それで死体のことをナキガラといい、またムクロとも言います。ナキガラの**ナキ**は亡くなる意で、**ガラ**はカラ、すなわちカラッポのことです。ムクロの**ム**は身体の身、すなわち**ミ**の母音交替形であり、クロはカラの母音交替形です。中身の空っぽの身体、それがムクロです。

それでは、タマシヒとイノチの違いは何かというと、その言葉の成り立ちを眺めていて気付くのは、現代では呼吸が一旦停止しても延命措置の結果息を吹き返すこともありますが、本来的にはイノチは息の止まった時点で終了するものです。

個々の命は死をもって終了しますが、これに引き換えタマシヒは本来的に死後はもちろん存命中にも遊離可能のもので、他と交渉することもあるという点です。

ですから、それはカラッポの物質に過ぎないと、ナキガラやムクロを粗末に扱っていいということにはなりません。なぜなら、体から抜け出た魂が元の自分の行く末をちゃんと見ているからです。殺人事件のように、死体をそこら辺に穴を掘って埋めたり、海や川に投げ捨てたりすれば、魂は怨霊となって犯罪者に祟《たた》るでしょう。

そういう風に考える、日本人の心組みを、私たちは次の世代に伝えていかなくてはなりません。自分はナニモノか、自分は日本人である、日本人とはナニモノか、日本人はこういう精神的風土をもって、こういう歴史を刻み、こういう文化を花開かせてきた民族である。日本人の大本すなわち祖先の心の形を垣間見て、そっと襟を正したいと思います。

隠しておきたい心の働き

心は『倭訓栞《わくんのしおり》』に「火凝の義といへり　ほこ通す」とあります。読み仮名も濁点もない表記なので甚だ読みにくいのですが、「火凝」はホコリで、「ほこ通す」はホ（火）の音とコの音は通じるということだと思います。『大言海』は「凝り凝りノ、ここり、こころト転ジタル語ナリ、サレバ、ここりトモ云ヘリ」としています。『古典基礎語辞典』には「はじめは心臓とその鼓動を意味し」とあり、語源には触れていませんが、もしかすると、鼓動の音をココロ、ココロと聞いたのかもしれません。

というわけで、語源はなお明らかでありませんが、ココロという言葉は、ホコリ（火凝）にせよコリコリ（凝り凝り）にせよ、心臓という物の形状や作用の物理的な特徴を見た名付けですから、心もまた魂や命の殻に過ぎないのではないか、と考えるのは屁理屈でしょうか。

実際には、心という言葉は臓器としての心臓よりも、もっと広く精神作用を表す語に多く使われます。となると、心の中で、その心の活動を掌《つかさど》る、例えば神のような至上のあるものを想定したくなります。それは何かというと、魂あるいは命といったものではないか、と筆者は思うのです。命が尽き、魂が人体から抜け出ると、心の活動も一切が終了するのです。

心を含む語を拾ってみると「心当たり、心意気、心得、心置きなく、心覚え、心構え、心変わり、心配り、心丈夫、心添え」などといった言葉は心の作用をいい、「心強い、心無い、心憎い、心細い、心やすい」といった形容詞も心のありよう（性情）についていう語で、どう感じたかという心情語とはちょっと離れています。

心を古くは**ウラ**ともいいました。オモテ（表）の対語です。オモテは、**オモ**（面）・**テ**（行く手のテ同様、方向を表す）という成り立ちの語で、つまりは顔が向かっている方向がオモテです。けれども、『岩波古語辞典』によると、「平安時代までは『ウヘ（表面）』の対。院政期以後、次第に『おもて』の対」となったそうです。上といえば対語は下と誰も思います。縦軸の天に近い方が上、地に近い方が下です。しかし、確かに平面的に考えると**ウラ**の反対は**ウヘ**ということになります。心を意味するウラは、ウヘと反対の目には見えない処という意味による名なのかもしれません。このウラは形容詞や動詞の一部になって多くの語を造っています。「うら悲しい、うら恋しい、うら寂しい、占う、うらぶれる、恨む、恨めしい、うら珍しい、羨む、羨ましい」。さらにはウラの母音交替した**ウル**や**ウレ**の語形を取る「うるさい、麗しい、嬉しい、憂う」も、心の意のウラを含む言葉です。「うるさい」の文語形ウルサシはウル（心）・サシ（狭し）、「麗しい」の文語形ウルハシはウル（心）・ハシ（愛し）、「嬉しい」の文語形ウレシはウレ（心）、

イシ（良し）ですし、「憂う」はウラの動詞化です。

ウルハシには「神代紀」に「光儀《よそひ》」が「華艶し」とか、（アメワカヒコとアヂスキタカヒコネノカミと）「友善し」といった漢字の訓に用いた例もあります。様子の立派さや友情の素晴らしさにも用いたのですね。

筆者の父親は建築士でしたが、文学趣味を持っていて、亡くなった叔父に聞いたところによると、若い頃は短歌などをよく詠んでいたとのことです。筆者が十二歳のときに、子供七人を遺して他界しますが、筆者が成長したころには親父の書き残したものはほとんど残っておらず、どんな歌を詠んだのか残念ながら分かりません。ただ、他界する三年前、妻を亡くし、その心境を詠ったものでしょうか、玄関先に自作の歌を刻印した仕切り兼用の歌碑があったのをうっすら覚えています。近所の人も珍しがってわざわざ見に来たりしたので、子供心ながら、何となく記憶に残っているのです。

その歌の上の句はほとんど忘却してしまいましたが——或いは「ももちだるやには（家庭）も若きころならむ」だったでしょうか——、下の句は「うらぶれたればかへりみるなし」というもので、心に響きました。後から考えると、妻を亡くした老境の入り口に立つ男の心境がこういう言葉につづられたのだなあ、と思ったものです。

「うらぶれる」とは何という悲しい響きでしょう。ちなみに『岩波古語辞典』は、うらぶれは「ウラアブレの約。ウラは心の中。アブレははみでて、さすらう意」と解き明かしています。心のよりどころがなく、当てもなくさすらうさまが目に浮かびます。

「うら悲しい」「うら寂しい」などという語も、ただの「悲しい」「寂しい」よりもいっそう陰影のある心情語と思いますが、いかがでしょう。なお「占う」「恨む・恨めしい」「羨む・羨ましい」については、表記の上からも、心を表すウラとのつながりが少し見えにくいかもしれませんが、「占う」はウラ（占）を行う意で、ウラ（占）とは「事ノ心《ウラ》ノ意」で「事ノ成行ノ吉凶ヲ、神ニ問ヒ奉リテ、其御心ヲ承ケテ定ムル法」（『大言海』）であり、「恨む」は『岩波古語辞典』に「ウラミのミは、mi音であった。従って、ウラミの語源はウラ（心の中）ミル（見る）と思われる」で、ウラメシイはその形容詞形、「羨む」はウラ（心）ヤム（病む）、「羨ましい」はその形容詞形ということになります。

人の目に見えない、隠しているものとして、心のことを古代ではシタ（下）ともいいました。シタゴヒ（下恋）といえば人目を忍ぶひそかな恋の意になります。シタフ（慕ふ）も隠している心で対象を追うという意味でシタ（下）・オフ（追ふ）という成り立ちの語かもしれません。

現代では何でもあけすけに言ったりしたりする方がとかくもてはやされますが、ウラといい、シタといい、隠している心こそ日本人らしい心性で、その働きが多くの恋物語や恋歌を生むことを思い直してみることも大切なのではないでしょうか。

恐ろしくも畏れ多いわが国の神様

魂、命、心は目に見えないところに隠れているものですが、カミ（神）も同種の存在であると筆者は考えます。日本の神には、屋敷の神がいれば、門の神もいる、かまどの神がいればトイレの神がいる、川の神がいれば山の神がいる、火の神がいれば水の神もいる、福の神がいれば学問の神もいるという具合に、わが国にはまさしく八百万《やおよろず》の神がいます。だから、日本の神は仏像やキリスト像のように、或る形にして「これが神様です」と一つの像として表せません。無数にいて、これと姿を特定できない、こうした神に対する考え方が、互いに和合する母性的風土を培ったのだと思います。まれに神像を持つ神社もあるらしいですが、それは仏教文化の影響だろうといわれています。

日本人にとっての神について、『大言海』は、次のように説明します。まず、その語源ですが、『古事記』本文冒頭の「天地《あめつち》初めて発《ひら》けし時、高天原《たかまのはら》に成りし神の名は、天之御中主神《あめのみなかぬしのかみ》、次に高御産巣日神《たかみむすひのかみ》、次に神産巣日神《かむむすひのかみ》。この三柱は、みな独神《ひとりかみ》と成りまして、身を隠したまひき（而隠身也）」を引いて、その「而隠身也」の部分を「身を隠したまひき」ではなく「カクリミニマシマス」と読み、現身《うつしみ》、つまり現実世界に生きて存在している身に対するもの、すなわち目に見えない身・カクリミが真ん中のクリの音を落とし縮まってできた語がカミではないかと見立てています。

それから、神とは何ぞやということについて、『大言海』はうまく次の六つの概念に区分けして説明しているので、次にご紹介します。

第一は、「形ハ、目ニ見エズシテ、霊《ミタマ》アリ、幽事《カンゴト》ヲ知《シロ》シテ、奇霊《クシビ》ニマシマスモノノ称。後ニハ、無上自在ノ威霊《イキホヒ》アリテ、世ノ禍福ヲ知シ、人ノ善悪ノ行為ニ、加護、懲罰シタマフトテ、崇ムベキモノノ意トス」。現代の日本人のカミというものの概念は、大体これで言い尽くされていると思います。目に見えない存在だが、凄い霊威を持っていて、人を加護すると同時に場合によっては懲罰を与える、畏れ多い、場合によっては怖い存在、それがカミです。

しかし、日本人は古くから、そのカミという名を第二に歴代天皇の尊称に用い、第三に「神のように」という言い方で表される人智を超えたものについていい、第四に「〜のミコト」で表される、神代において功徳《こうとく》つまり功業を成し徳のあるものの称として用い、第五に菅原道真公を天神様として祀るように、聖賢、つまり聖人・賢人、それから英雄などに、その逝去後の称として用い、第六に、これが日本のカミ観として極めて特徴的なのですが「スベテ、荒ブル者、恐シキ龍蛇、豺狼（ヤマイヌやオオカミの類）、虎豹ナドノ称」として用いるわけです。雷のようなものも、これに含まれるでしょう。
目に見えないものは、何をされるか分からない怖い存在なのです。何しろ、八百万の神の中にはヤソマガツヒノカミ（八十枉津日神）のように、たくさんの禍を齎す神もいるのです。だから、酒や米、水、海幸・山幸の神饌《しんせん》、つまりお供え物をして、どうか神の怒りを買わないようにと祈るわけですね。
そして、その人間にない無上の霊力を持つ神へのオソレは、怖い意の「恐れる」と同時に、畏敬の念の意の「畏れる」をも包括するようになるわけです。人は生きて生活してゆくうちに、ヤソマガツヒノカミのような悪神が齎す罪や汚れが知らず身についてしまいます。そこで、その枉《ま》がれるを矯《なお》すためにカムナホヒノカミ（神直日神）やオホナホビノカミ（大直日神）という、ナオス神も用意されていて、その神の偉大な霊力にお縋りして、衰微した生命力を復活させていただくという観念が成立するわけです。それが神道の禊《みそぎ》や、祓《はら》えの儀だろうと筆者は考えるわけです。（ちなみに、ミソギとは身濯《みそ》ぎの約です）
このように見てくると、日本人にとってカミとは、決して母親の懐のような温く優しいだけの存在ではない、加護もしてくれるが厳しく懲罰も与える、病や事故やモメゴトなどの凶事《まがごと》を齎す、そういう存在なのです。だから、神饌を供え、カミがいかに偉大であるかを褒めに褒めちぎって、ひたすら平らけく安らけくきこしめしてくださいますようにと祈るのは、表側から見れば日ごろの安寧に対する神への感謝の印の表現ですが、裏側から見れば凶事を避けて安寧を得たいという、切実な要求行為なのです。

日本人にとって最も尊ぶべきは、己より最も遠い存在、目にも見えず、耳にも聞こえず、もちろん手で触ることもできない、そのような遠い、遠い所にありながら、知らず知らずのうちに己の存在を庇護しつつ、時に処罰をも辞さない強く静かなエネルギー。おおまかにいえば、それが日本人にとっての神様というものの輪郭でしょう。

一般に、そのような超常能力者は頭のてっぺんから見守り、かつ監視しているというイメージが浮かびますが、国語のカミである「神」と「上」は上代においては別の発音していたことが上代特殊仮名遣いの研究で明らかになっており、国語における「神」は「上」とは無関係、つまりカミは必ずしも天上にだけましますす存在ではないのです。

しかも、わが国では、個人差はあるが、「苦しいときの神頼み」という俚諺《りげん》の通り、カミは意識の上に上ったり、意識の外にほったらかしにされたり、とかくゾンザイに扱われているのが実態でしょう。その辺は、ヘブン（天国）と不可分のキリスト教のような一神教のカミとは大いに違うところです。

日本のカミは、己より〈遠いところにましまし何か大きな力を有しているよく分からない存在〉と考えた方がリアリティーを感じることができるのではないでしょうか。

猫と杓子の本当の関係

いつからわが日本国民が古代ケルト人と親戚になったのか、奇妙ないでたちで猫も杓子も渋谷に繰り出してバカ騒ぎするハロウィンが、毎年十月末の社会現象としてメディアに大きく扱われるようになりました。

こうなっては日本各地の伝統的なお祭りも、うかうかしてはいられまいと、お祭り関係者なら猫も杓子もそんな危機感に駆られるのではないか——などと、《誰も彼も》という意味に私たちはちょくちょく「猫も杓子も」という言い方をします。

猫と杓子と一体どういう関係があるのか、ここであなたにお尋ねします。恐らく、即答できる人は十人に一人もいないのではないでしょうか。あやふやな思い付きで答えると、チコちゃんに「ボーッと生きてるんじゃねーよ」と叱られますよ（なんて、ネ）。

というわけで、よく口にする割に、なぜそういう言い方をするのか、よく分からない言い方の一つの典型がこの「猫も杓子も」です。

猫を知らない人はいませんが、杓子の方は現代ではもう古語の領域に入ってしまって、「ワタシ、知らな～い」なんてお嬢さんもいるのでは。

杓子とは、要するにご飯を器に盛るオシャモジのことです。汁の方はオタマジャクシで、これも簡略した言い方のオタマの方が今は一般的な呼称になっているみたいです。オタマジャクシはその形が似ていることから、蛙の子を指す言葉になり、またそれに似ているので音楽の楽譜の記号のことを指す言葉になりつつあります。シャクシ菜という野菜は、その葉っぱが杓子に似ているから付けられた名だそうです。

さて、「猫も杓子も」ですが、実はこれ、猫も杓子も全然関係がないところでできた成語なのです。まずシャクシとは釈迦の弟子である釈子《しゃくし》、すなわち僧のことをいい、猫の方は神官の職階の一つ、禰宜《ねぎ》が訛った形で、ネギモのギの音が次のモ〈mo〉の母音〈o〉に引かれてゴ〈go〉になり、「ネゴも杓子も」が、さらにゴの子音〈g〉から〈k〉に子音交替してネコとなったのです。

「神も仏もない」という言い方で《手を差し伸べてくれる誰もいない》無慈悲さを表しますが、これに似て「猫も杓子も」も実は《神も仏も》であって、「誰も彼も」の意味を表しているのです。猫も杓子も共に当て字ということになります。

禰宜のお仕事とは、一体どんなものなのか、筆者は孫の七五三のお祝いで昇殿した神社で、祝詞の奏上から修祓に至るまでの神官の所作を観察しながら、あれやこれや思いを巡らしました。

禰宜は、「祈る」という意味の古い動詞「祈《ね》ぐ」の名詞形「祈ぎ」からできた言葉です。ふだん、私たちは、試験に受かりますようにとか、宝くじが当たりますようになどと、何か願い事があると、神様にお祈りをしますが、それならば、神官を間に入れずに神仏に直接お願いする方が合理的なのではないでしょうか。でも、七五三みたいな改まった通過儀礼の際には、それではあまりありがたくないと感じるのはどうしたものでしょう。

それは、ネグ（祈ぐ）という動詞の持つ或る意味が、禰宜の所作とともに明かしてくれます。ネグという動詞は単に〈お祈りをする〉というだけの意味ではなく、その派生語の「労う」「願う」という語のもとになった動詞です。

神様はいつもは欲深な衆生のお祈りなど、なかなかお耳に入らない奥深いところにましましているのです。お祈りされるばかりでもう疲れたよ、というのが神様の本音かもしれません。そこで、その神がいかに尊く、畏敬の念をもって崇拝されているかについて、神前に平伏しつつ荘重な文言で言上し、神の御心を労い、慰め、褒め称えて神様をいい気持にさせてお出ましを願うのです。そして、汚れや災いにまみれた衆生を神に引き合わせるために、その汚れや罪業一切をきれいにするのが修祓の儀式で、そういう介添え役が禰宜など神官の務めなのです。

いかに金持ちであろうと、いかに世間的名声が高かろうと、衆生は生身のままでは神様に出会うことはできない。それは、或る意味で、神の永遠性の担保ともいえましょう。神様は、遠い遠いところに隠れている御身ですから、本当はお賽銭を挙げ、鉦だか鈴だかを鳴らし、手を合わせ拍手をしてこうべを垂れるだけでは、簡単には現れてはくれないのです。ちゃんと拝まなくてはならないのです。

禰宜など神官の方々のとても大事なお務めが祝詞の奏上です。伊勢神宮の場合、結びの部分が「……称《たた》へ辞竟《ごとを》へ奉《まつ》りて拝《おろが》み奉る状《さま》を平らけく安らけく聞こし食《め》せと恐《かしこ》み恐みも白《まを》す」となっていると思います。ここにある「おろがむ」は「拝む」の古い言い方で、オガムという言葉の成り立ちは、オリカガム（折り屈む、orikagamu）のrikaの部分が縮合してroに変じたオロガム（orogamu）がさらに縮約されてオガム（ogamu）の語形となったものです。オガムとはどうすることか。本当は神前に額づいてお参りするのがオガムの作法なんです。

イノル（祈る）という言葉も、「試験に受かりますように」とか「恋愛が成就しますように」とか、今の人は簡単に神仏に祈りますが、『岩波古語辞典』に祈りの「イはイミ（斎・忌）・イクシ（斎串）などのイと同じく、神聖なものの意。ノリはノリ（法）・ノリ（告）などと同根か。みだりに口にすべきでない言葉を口に出す意」と解説しています。

「神や仏の名を呼び、幸福を求める」（同）ところから、「神に祈る」ではなく「神を祈る」のが古い時代の言い方だったそうです。

鬼はかつて日本にはいなかった？

二月という月は寒気まことに厳しい時期ですが、暦の上では、冬の終わりを迎えます。節分の翌日が立春です。節分は春夏秋冬それぞれの分け目をいいますが、今では単に節分といえばこの時期のそれを指すようになりました。節分には、豆撒《まめま》きなどの行事が全国諸所で行われます。平安時代に宮中で大みそかの夜、追儺《ついな》と呼ばれる悪鬼・災厄を追い払う儀式が行われたのが節分の豆撒きの原型といわれています。

「鬼」という漢字は、象形文字みたいな字形ですが、『角川大字源』によると、意味を表す「儿」と、音を表す「由」とから成り、後にさらに音を表す「厶」が加わってできた形声文字です。「厶」の字音**シ**は「鬼」の**キ**の音に通じます。「儿」は人のしゃがむ姿を表し、「由」は「死者に似せて頭部に長毛をつけ、これに臂《ひじ》をつけて机上に置いた神頭の形」を表しています。「鬼」は人間の死後の霊魂、また草木や鳥獣などの存在物が変化した妖怪の意です。赤鬼といい青鬼といい、鬼はみな怖い顔をしています。これは、私たちが幼いころに聞いたおとぎ話などから得た民族の集合イメージといえるかもしれません。

ところで、国語にはもともと「おに」という言葉はなかったといえば驚く人が多いのではないでしょうか。『万葉集』は仮名が発明される以前の文献で、今日ならば仮名で書くような助詞・助動詞も漢字（万葉仮名）で書かれています。例えば、

天雲の外《よそ》に見しより我妹子《わぎもこ》に心も身さへ寄りにしものを（五四七）

の「寄りにしものを」の部分は「縁西鬼尾」と書かれています。このような用字法はこのほか十例あり、「鬼」は国語の「もの」に相当する字だったのです。国語の「もの」には、物体の意のほかに死者の怨霊の意があって、それは目には見えません。その目に見えないものが取り憑《つ》いて人々に病気や狂気を起こさせる症状を「もののけ」といいました。

それでは「おに」とは何か。それは目に見えないモノすなわち隠れているモノということから漢字の「隠」の字音**オン**が**オニ**に転じたという説があり、何となく納得がいきます。新日本古典文学大系『万葉集一』の上掲歌の脚注にも「『おに（鬼）』という語は古代の文献には見出し得ない」とあります。

『倭訓栞』にも「斉明紀　倭名鈔に鬼をよめり　隠の音をもて訓とせり」（「斉明紀」や「倭名鈔」に鬼の字をオニと訓じている。漢字の隠の字音オンによるものだ）。さらに、荻生徂徠も『南留別志』で「蘭をらに、銭をぜに、雁をかり、蟬をせみといふ。吾邦にある物なれども、和名なくて、漢語を用ひたり」と述べています。

オニは漢語由来の言葉で、オニの**ニ**は撥音記号（n）を表記する文字がなかった時代の便宜的な置き換えなのです。

かくて『倭訓栞』はこう説明します。「古へはおにてふ言なし　皆ものとよめり　神代紀のおにもものとよむへし」（いにしえはオニという言い方はなく、みなモノと読んでいる。「神代紀」にある鬼もモノと読むべきである）。

『岩波古語辞典』も「オニということばが文献に現われるのは平安時代に入ってからで、奈良時代の『万葉集』では『鬼』の字をモノと読ませている」と指摘しています。

「神代紀」を見ると、タカミムスヒノミコトがヤソモロカミタチ（八十諸神）を召し集めて言うセリフに「吾、葦原中国《あしはらのなかつくに》の邪《あ》しき鬼を撥《はら》ひ平《む》けしめむと欲《おも》ふ」の「鬼」に確かに「もの」とルビが振ってあります。鬼は確かに存在するけれど目に見えない恐ろしい霊力を持った存在なので、直接そのものの名を呼ぶことを恐れて**モノ**と呼んだ、そんな風にも推論できますが、まだオニという言葉がなかったのでモノと呼んだとも解することができます。

ところが、同じ「神代紀」の一書にイザナキがイザナミの殯《もがり》のところで、自分を見てはいけないというイザナミを、火を点して見てしまうくだりがあります。イザナミの身は既に腐敗し膨れ上がっていて、死体の上に「八色《やくさ》の雷公《いかづち》」がいたので、イザナキはびっくりして逃げ帰ります。すると、イカヅチどもが追っかけてきます。イザナキは道の辺の大きな桃の木の下に隠れ、その実を取って雷公に投げつけると、雷公はみな逃げ帰りました。そこで、『日本書紀』はこう書きます。「此《これ》桃を用《も》て鬼を避《ふせ》く縁《ことのもと》なり」と。『古事記』でもおおむね同様の話になってますが、自分を救ってくれた桃の実に対し「葦原中国にあらゆるうつしき青人草の、苦しき瀬に落ちて患へ悩む時に助くべし」と言い、「意富加牟豆美命《おほかむづみのみこと》」という名を賜っています。

おとぎ話の桃太郎は猿とキジと犬を家来にして、鬼が島に鬼退治に行きますが、桃に鬼を防ぐ霊力があると古くから信ぜられていたことを下敷きにした物語で、桃太郎とはその桃の霊力の擬人化です。鬼が出入りする鬼門のウシ（丑）・トラ（寅）を封ずるために同じく干支の動物のサル（申）・トリ（酉）・イヌ（戌）を家来にしたという説もあるそうです。桃太郎の桃の霊力の淵源をここに見ることができます。

ところで、岩波文庫版では、この桃で鬼を防ぐという「神代紀」のくだりにある「鬼」には「おに」のルビが振ってあります。「景行紀」（岩波文庫『日本書紀二』）にも、「郊《のら》に姦《かだま》しき鬼*有り。衢《ちまた》に遮《さいぎ》り径《みち》を塞ぐ」や「武《たけきこと》を振《ふる》ひて姦しき鬼*を攘《はら》へ」の「鬼」に「おに」のルビが振られている例もあります。「斉明紀」（岩波文庫『日本書紀四』）にも「宮の中《うち》に鬼火見《あらは》れぬ」の「鬼火」に「おにび」のルビが振ってあります。

果たして、オニという言葉がいつごろできたのか、こうなると『倭訓栞』のいうところの真偽やいかに、です。或いは注解者の格別の考えがあるのでしょうか。

目に見えるようになってしまった鬼

平安期になると、確かに『源氏物語』などには「もののけ」の語と同時に、「おに」「おにがみ（鬼神）」などの語が登場します。例えば帚木《ははきぎ》の巻に「目に見えぬ鬼の顔など」やら「おひらかに鬼とこそ向かひゐたらめ」等々。『枕草子』にも「母屋《もや》は鬼ありとて、南へ隔ていだして、南の廂《ひさし》に御几帳たてて、又廂《またびさし》に女房はさぶらふ」（七四段）という用例があります。母屋には鬼が棲むということで、（中宮は）南側に居所を離して、南の廂に御几帳を立ててお住まいになり、女房どもは又廂（孫廂）でお仕えをする、というのが大意です。

これが仏教説話の『今昔物語』になると、いやというほど鬼が登場します。

例えば、好色の在原業平中将が美人の女をかどわかして、荒れた倉に連れ込んで共寝していると、突然稲妻が走り、おどろおどろしく雷鳴が轟いたので、女を後方に押しやって、太刀を抜くと、雷鳴ようやく収まったと思ったら、女の頭と着ていたものだけが残されているのを見て、中将は恐ろしさの余り逃げ出したという話では、「それより後、この倉は人を取り殺す倉と知られるようになった。雷公の仕業ではなく倉に住む鬼の仕業であろう。だから、よく知らないところに、ゆめゆめ立ち寄ってはいけないよ」というものです。また、若い女三人が月夜の松原を歩いていたところ、或る男に出会い、女の一人を松の木の許《もと》に引き込み恋を語っていたので、残りの二人の女は暫く待っていたのにいつまでたっても姿を見せず、おかしいなと近寄ってみると、松の木の下の二人は掻き消え、ただ女の手足ばかりがばらばらになっていた。きっと、これは人の格好をした鬼が女を食ってしまったのだろうという話もあります。

『今昔物語』にはこんな話がいっぱいあるのです。ただ、鬼をモノと呼び、その気配をモノケといったころは、恐らく今日私たちが脳裏に描くオニの姿ではなく、あくまでもモノの気配だったのではないでしょうか。それがそのような姿かたちをとるようになったのは、仏教の餓鬼に引かれてのことだったのかもしれません。鬼の具象化は上代、特に仏教の伝来する欽明天皇の十三年以降から中古にかけて仕立てられ、中世に仕上げられ、現代の私たちにリアリティーをもって伝えられたものと考えていいように思います。

東京・豊島区に鬼子母神堂があります。鬼子母神はインドの神で、人の子を捕まえ食っていましたが、仏の教えによって後に子育ての神に転じました。鬼子母神堂で書かれている鬼には「由」の上部の角（ノ）がありません。「おに」は隠れて災厄を働く恐ろしい力ですから、これは清く直く身を正して付け入る隙を与えず、その怪異な力を封じ込めておくか、角を折って飼い殺しにしておく必要がありそうです。

幻想のヨモツヒラサカ

イザナキが黄泉の国から逃げ帰るところを、先に「神代紀」から引きました。同じ「神代紀」に記す別の一書《あるふみ》の黄泉よりの逃げ帰りのシーンでは、雷公ではなく泉津醜女《よもつしこめ》となっています。

イザナキは剣を背後に振るいながら、頭に巻いた飾りである黒鬘《くろきみかづら》を取って投げるとそれが蒲陶《えびかづら》（ブドウ）に変じ、醜女がこれを食ってまた追いかけてくるので、今度は湯津爪櫛《ゆつつまぐし》（神聖なる小さな櫛）を投げるとそれが筍《たかむな》になり、醜女がこれを食ってまた追いかけてくるという筋書きになっていて、泉津平坂《よもつひらさか》に至って、「千人所引《ちびき》の磐石《いは》を以《もつ》て、其《その》坂路に塞《ふさ》ひて、伊奘冉尊《いざなみのみこと》と相向きて立ちて、遂に絶妻之誓建《ことどわた》す」という展開になっています。「絶妻之誓建す」とは、「もう、あんたとは離縁したぞ」という呪言をはっきり言うことです。

これによって、ナキガラは確かに地の下の真っ暗なところに行く（埋葬する）けれども、霊は黄泉の世界と交流することがなくなったのですから、死後、仏教にいう六道のうちの地獄や餓鬼や畜生、修羅などといった恐ろしいところに連れて行かれなくて済んだというのが『日本書紀』が教える日本人の死後の行方ということになりましょう。

なお、上のくだりにあるタカムナはタケ（竹）の母音交替タカにメ（芽）の母音交替ム、ナは菜で、要するにタケノコです。筆者の推論では、タカ（竹）ウム（生む）ナ（菜）の縮約かな？とも思います。

この部分は『古事記』の描写と似ていて、やはりブドウやタケノコをヨモツシコメが食う間に逃げ延びるという話になっています。黄泉比良坂《よもつひらさか》にたどり着いて、「千引《ちびき》の岩」を引き据えて、ようやく「やれやれ」ということになるのです。

さてそこで、筆者はごくアマチュア的な疑問を抱きました。それはヨモツヒラサカのヒラサカとは一体何だ、ということです。『古事記』のヨモツヒラサカは黄泉比良坂となっていますが、『日本書紀』では泉津平坂となっています。坂といえば今の人は大体傾斜のある道を思い浮かべますよね。でも、「平坂」――平らな坂ってなんか変じゃありませんか。

そこで筆者が思い浮かべるのは、坂という言葉は一体どのようにしてできた語か、ということです。『日本書紀』の岩波文庫版の注に「サカは離《さか》る・避《さか》るの語根。境界の意。サカヒはサカアヒ（離合ひ）の約。sakaafi → sakafi。双方の境界の合う所がサカヒ」とあります。

この世と黄泉の国の境界を意味して平坂という語を使っているのであって、それが傾斜のある坂道、つまり現代人が思う坂道の境界かどうか『日本書紀』は触れていないのです。『岩波古語辞典』の「さか（境・界）」に、興味深いことが書いてありました。「古くは、坂が区域のはずれであることが多く、自然の境になっていた」と。吉田金彦著『古代日本語をあるく』には「足柄峠は『万葉集』のころ、『足柄の御坂《みさか》』とも、単に『御坂』とも呼ばれていたから、相模と駿河の国境をなすこの峠は、サカ（坂）がサカヒ（境）と一致する、よい例である」と指摘しています。

そうなのです。「坂」の傾斜のある道というのはもともとそう名付けられたわけではなく、坂が境となっていることが多いため、それをサカと呼ぶようになったのです。だから、境のサカは坂ばかりでなく、国単位、或いは郡、郷を含めた単位ではなく、小さな集落単位で考えれば、平地のサカである場合も多々あったはずです。

或いは、こうも考えられます。黄泉は地下の国ですから、この世に至るには当然傾斜のある坂を上って来なくてはなりません。従って、ヨモツヒラサカとは、この世の平らな場所へ至るための黄泉の国からの上り坂という意味の名付けではないかと。

というのは、これも先に引いた『古代日本語をあるく』にある、神奈川県の酒匂《さかわ》川の記述にヒントを得たからです。葦の生える低地の中の微高地を流れる酒匂川は「足柄峠東の地蔵堂付近から流れ出る内川や、丹沢湖から出る河内川を集めて、小田原の東に注ぐ川である」。だが、「この川の山への関わり方は、川原に生える葦でもなく、微高地という川沿いの意識でもなさそうだ。足柄峠は、七五九メートルもあるから、古代人にとって〝微高地である〟とは到底思っていなかったことは、明らかであろう」とし、「この川がこの山に関わっているのは、おそらく〝サカ（坂）に至る川〟ということであって、東国から西へ向かった万葉人たちが、川沿いに足柄峠のサカ‐ヒ（境）を目指して歩いて行ったから、サカ‐ハ川と名付けられたのではあるまいかと思われる」と指摘しています。サカハのハはサカヒのヒの母音交替ということでしょう。

それならば、ヨモツヒラサカが、ヒラ（平）地を目指す黄泉の国の坂という意味の名付けとして理解できます。

ヒラサカへの疑問はこれで解決——まあ、それでもいいのですが、筆者の想像力は、もう少し先に進んでいきます。平地にあるサカなら、何もヒラサカなどといわずヨミノサカかヨモツサカだけでいいではないか、と。そこで筆者が想像力を巡らすのがヒラはヘリ（縁）の母音交替ではないかということです。ヨモツヘリサカなら黄泉の国の外縁の境の意味になります。

もっとも、「神代紀」自身その一書に、「泉津平坂《よもつひらさか》といふは、復別《またこと》に処所《ところ》有らじ、但《ただ》死《まか》るに臨みて気絶《いき》ゆる際、是を謂《い》ふか」とも記していますから、それがどこにあるのかとか、どんなものなのかとあまり悩みなさんなと教えてくれているみたいですね。読者の皆さんは、どうお考えになるでしょうか。

道祖神の二つの顔

イザナキが黄泉の国から追いかけてくるイザナミに捕まらぬように「千人所引《ちびき》の磐石《いは》」で坂路《さかぢ》を塞いだ後、「神代紀」に記す一書には「其の杖《みつゑ》を投《なげう》て曰《のたま》はく、『此《ここ》より以還《このかた》、雷敢来《えこ》じ』とのたまふ」とあります。ここから先は来ちゃあだめよ、という意味で、投げた杖から生ったのが岐神《ふなとのかみ》です。

『日本書紀』は「此《これ》、本《もと》の号《な》は来名戸《くなと》の祖神《さへのかみ》と曰《まう》す」と注記しています。クナトとは**ク**（来）**ナ**（勿）**ト**（通路）の意です。サヘノカミも「『障《さ》への神』の意で、外から侵入して来る邪霊を防ぎ止める神」をいい、「峠・坂・辻・村境など、境界に祭られた神」（『岩波古語辞典』）の意です。悪霊、邪霊お断り、知らない人はこの集落に入ってはいけないよ、というのが、そもそもこの神の役割だったわけです。

或る意味で、関所みたいなものです。セキショのセキは「塞き」、つまり「非常に備え、不慮の災いを警戒する所」（同）です。動詞の「堰《せ》く」は〝流れ、動きを止めるところ〟の意です。

ところが、『古事記』に天孫・ヒコホノニニギノミコト（日子番能邇邇芸命）が降臨する際、「天の八衢《やちまた》に居て、上《かみ》は高天原を光《てら》し、下《しも》は葦原中国を光す神」がいて、アメノウズメノカミ（天宇受売神）に「あんた、誰よ」と問わせたところ、「自分はサルタビコノカミ（猿田毘古神）で、天孫さまが降臨なさると聞いて、御前にお仕えしようとお待ち受けしていたのです」と答えたのです。八衢の神が、案内人の役割を担います。

「神代紀」の国譲りの段の一書《あるふみ》に、天神からの使者・フツヌシノカミ（経津主神）とタケミカヅチノカミ（武甕槌神）が、出雲を統治するオホアナムチノカミ（大己貴神）に国を譲れと迫ったところ、断られたため、フツヌシがその旨報告します。

タカミムスヒノミコト（高皇産霊尊）はこれを聞き、尤もだと思い、或る条件を提示します。第一に「現世の政治は天孫がこれを行うが、オホアナムチには神事《かみのこと》すなわち祭祀権を統べよ」ということ、第二に「お前が住む宮は大きく堅固で立派なものにする」、第三に「田も作って与えよう」、第四に「釣り遊びをするために橋も船も造ってやろう」、第五に「繰り返し縫い上げた立派な盾を造ってやろう」、第六に「アマノホヒノミコト（天穂日命）にお前を祀ることを掌らせよう」というものです。

こうしてオホアナムチを納得させます。オホアナムチは納得しただけでなく、その出雲という土地が不案内だろうからと、この地を去る自分の代わりにフナトノカミ（岐神）を「郷導《くにのみちびき》」として巡り歩かせ、天孫が平定するのを助けさせたと書かれています。「ここから先は入っちゃダメよ」の神が相手の知らない土地の案内役を務めているわけです。

ちなみに、フナトノカミが祀られるところの一つの「峠」は、仮名で書くと**タウゲ**です。**タムケ**（手向け）が転じたもので、古来、旅する人たちが行路の安全を祈願して、供物を捧げたことによる名です。日ごろの好誼に対し人から親切にしてもらったら、感謝のしるしに物品を贈るお中元やお歳暮の風習は、神への手向けに似てわが国民性を表すものといえないでしょうか。

後年、道の辺に祀られた道祖神はこの後者の方の道案内の役割を引き継いだと考えられましょう。筆者在住の中山道板鼻宿の板鼻川沿いに双体道祖神があり、板鼻二丁目（安中市）の八幡方面へ行く道の角に「やはた道しるべ」があり、八幡への道を行ってすぐの分かれ道に今度は「はるな道しるべ」と双体道祖神があり、はるな道を少し行くと「くさつ道しるべ」があります。旧中山道に戻って、今は公民館の建つ「皇女和宮宿泊所」の少し先に旧八坂神社跡地があり、そこにやはり双体道祖神が祀られてあります。

道しるべは単なる昔の案内板に過ぎないともいえますが、そう広くないところに三つも道祖神があるのは、行路の安全祈願を道の神に祈った残影です。元来、ミチ（道）という言葉は神のものに付く接頭語の**ミ**と、あっち、こっち、どっちなど道や方向を表す古語の**チ**が複合した成り立ちで、道には神が宿ると考えられていたのでしょう。

道祖神の中には夫婦円満像が彫られたものもあり、民間に男女を円満に導く道祖神信仰が行われました。

イザナキの杖から生ったフナトノカミについて、『古典基礎語辞典』に興味深い記述があります。「フナトの神は杖だけでなく『矛』としても表されている。イザナキ・イザナミが原初の海にさし込んで淤能碁呂《おのごろ》島を誕生させた矛のように、矛は記紀神話の中でしばしば男性器を表す意味をもつ。衢神《ちまたのかみ》サルタヒコの長大な鼻もまた巨大な男性器を表すと解釈される。つまり境界の神には威力ある『陽根神』としての性質があり、その威力によって女性の体をはじめとする閉された道を開く働きをするという」と。この部分、いかがわしい本からの引用ではありませんよ（念のため）。

道祖神はかくて、子孫繁栄、商売繁盛の神に転化し、民間で信仰されるようになったのです。『倭訓栞』の「さいのかみ」の項に「幸ノ神と書り　男女を幸し婚を結ふ神也といへり　されと道祖《サヘ》の転成へし」（幸の神と書いて男女に幸いをもたらし、結婚へと導く神様といわれている。でも、道祖神を意味するサヘノ神が転じたものだろう）とあります。

もっとも、境界にあって諸霊や見知らぬ人を導き入れるという役割は、よいことばかりではなく、時には恐ろしい疫病までをも引き入れてしまうこともあるので、道祖神にも怖い側面があるわけです。

「幸い」とは無事であること

人々の幸福願望はどこの国にもあると思いますが、「さへ（障へ）」の神が「さい（幸）」の神に転じてしまうほどの幸福願望がわが国にもあります。

筆者世代の人なら、

山のあなたの空遠く
「幸《さいはひ》」住むと人のいふ。
噫《ああ》、われひとゝ尋《と》めゆきて、
涙さしぐみかへりきぬ。
山のあなたになほ遠く
「幸」住むと人のいふ。

というカアル・ブッセの詩（上田敏訳）を読んで、明日の幸福を思い、涙さしぐみ胸を熱くした青春の一コマを思い出す人が少なくないと思います。「幸福」はいつの時代でも、それを希求することと切実なんですね。

では、国語における幸福を意味する言葉って、どんなものがあるでしょう。

右に引いた詩にも登場する「幸い」がまず挙げられます。**サキハヒ**のイ音便形です。

『万葉集』巻七に、

幸《さきは》ひのいかなる人か黒髪の白くなるまで妹が声を聞く（一四一一）

という歌があります。黒い髪が白くなるまで奥さんの声を聞けるなんて、一体どんな幸せな人なのでしょう、とは恐らく作者は奥さんと早く死に別れた人ですね。他人の幸せを羨む気持ちと、なお妻を恋うる気持ちとが綯《な》い交ぜになって、切ない寂しさがずしんと胸に響きます。ああ、かわいそうだなあなんて思ってみたりします。

この歌、原文の万葉仮名は「福」の字で、それをサキハヒと訓じています。漢字の「福」は『大字典』によると、「天より与へらるるサイハヒ也　故に示（神）と畐（満つる義）を合す」とあります。ちなみに、「畐《ふく》」はあまり見慣れない字ですが、「高の省画と田を合す　田は物の積み重りし形を示す（田畑の田にあらず）　高は積上ぐる意」です。右に引いた歌の作者の心情はともかく、「福」という文字遣いだけを見ると、神の恵みのものが山と積まれてあるのが「福」であり、サキハヒなのです。何だか、おいしい物やらきれいな物やら貴重なものやら数々の品々がうずたかく積まれているような印象を受けます。

しかし、衣食足るという言い方がある一方、清貧という言葉もあって、幸せは必ずしも物が豊かでなくとも感じられる思いです。

同じく『万葉集』巻五には山上憶良の「好去好来歌《こうきょこうらいか》」と題した長歌があります。いま抜粋してみると、

神代より　言ひ伝て《つ》来らく　そらみつ　大和の国は　皇神《すめかみ》の　厳《いつく》しき国　言霊《ことだま》の　幸《さき》はふ国と　語り継ぎ　言ひ継がひけり……（八九四）

と、動詞「幸はふ」の形で用いています。言霊の繁盛する国であって、必ずしも物のうずたかく積まれた図とは結び付きません。遣唐使が遠境の唐に遣わされる際に多くの神々が見送りしたように、無事帰還の折も神々が手を引くように一直線に港に停泊するでしょうという、同じ歌の後半に、

大伴の　御津《みつ》の浜びに　直泊《ただはて》に　み船は泊《は》てむ　つつみなく　幸《さき》くいまして　はや帰りませ

と、同根の語である副詞「幸く」の形で用いています。

ちなみに、「浜び」は「浜べ（浜辺）」の母音交替形のように考えられますが、『岩波古語辞典』によると、ハマビの**ビ**は「めぐり。めぐっている所」の意で、上古に類義語の「べ（辺）」もありましたが、「べ（辺）」はbeの音、ビ（廻）はbïの音で別語」とのことです。

「つつむ」という動詞は「障む、恙む」で障りがあるという意味です。何も障りのあるようなことがなく（恙《つつが》なく）いらっしゃって、早くお帰りなさい、と歌っているのです。病気や事故がないのも幸せの一つの形なのです。

そういえば、「幸」という漢字は『大字典』によると、もともとは「夭」の字の下に「屰」（「逆らう」の義）の字を合わせた字体をしていて、〝早死に（夭）に逆らう〟ところから、吉事の意になったそうです。

というわけで、幸福というものの姿を探るために、サキハフ（幸はふ）という語の成り立ちを調べてみました。

『大言海』は、『倭訓栞』の「さきはふくに　萬葉集に見えたり　幸延国の義成へし」を引いて、「幸ノ動ク意ナリ」、また「幸《サイハヒ》ナル運ガ、メグル。栄エ行ク。ハヤル」などと語釈しています。『岩波古語辞典』は「サキ（咲）・サカエ（栄）・サカリ（盛）と同根。生長のはたらきが頂点に達して、外に形を開く意。ハヒはニギハヒのハヒに同じ」とし、「生命力の活動が活潑に行なわれる」と説明しています。

サキハフという語感からすると、前の方へ向かってどんどん良いことが延び広がっていくという印象がありますが、『岩波古語辞典』の解釈でも「生命力の活動が活潑に行なわれる」のがどんどん先に延び広がっていくと考えれば矛盾しません。

物に恵まれ「幸」多し

幸福のもう一つの言い方のサチについて考えます。

「神代紀」の一書に海幸・山幸の話があります。神話によくある兄弟相克の話の一つです。まず、海幸の能力の自然に備わったホノスソリノミコト（火闌降命）という兄と、同じく山幸の能力の備わったヒコホホデミノミコト（彦火火出見尊）という弟が相談して「試しに易幸《さちがへ》をしてみよう」ということになり、各自のサチの交換をします。しかし「各《おのおの》其《そ》の利《さち》を得ず。兄悔いて、乃《すなはち》弟《おとと》の弓箭《ゆみや》を還して、己《おの》が釣鉤《ち》を乞ふ」のですが、弟は既にその鉤《ち》を失くしてしまっていて、代わりに新しい鉤を作って返そうとします。ですが、「いや、元の鉤を還してくれ」と言い張るので、弟は困って、横刀《たち》を鍛造して堅くしたもので箕という農具一杯に鉤を作って、「これで勘弁して」というのですが、「いや、元の鉤でなきゃあダメだ」と兄は責め立てます。

困り果てた弟が海辺で悩み苦しんでいると、シホツツノヲヂ（塩土老翁）に出会います。シホツツノヲヂは『古事記』では「塩椎神」と書かれ、読みとしては共にシホツチとするのが普通です。岩波文庫版の『日本書紀』によると、「シホは、潮。ツは助詞ノにあたる。チはイカヅチ・ヲロチなどのチ。潮の霊の意であろう」としています。「神代紀」の別の一書には「塩筒老翁」と書かれていて、これはシホツツと読むべきところ。ツツとは星の意であり、潮と星を掌る海の交通を支配する神様ということになります。そこで、本書ではシホツツノヲヂと訓じられています。

シホツツノヲヂは「神武紀」（即位前）にも登場し、「東《ひむがしのかた》に美《よ》き地《くに》有り。青山四周《あをやまよもにめぐ》れり」と、神武東征のきっかけとなる情報を齎す役どころを演じております。シホツツノヲヂは、ヒコホホデミに「悩むことはない。わしがいいことを教えてやろう」と海中の海神《わたつみ》の宮へ行く方法を教えてくれます。そこで、海神の娘と出会います。海神がヒコホホデミの困っている事の次第を聞くと、大小の魚を集めて詮議します。すると、口に病のある赤女《あかめ》という名の鯛がいて、そこに失くした鉤がかかっているのが発見されました。

「神代紀」の一書によると、ヒコホホデミは海神の娘・トヨタマビメ（豊玉姫）と懇ろになって暮らしていましたが、三年も経つと懐郷の念抑え切れず、地上に帰ることになりました。海神は、失くした鉤とともに潮の干満を自由に操作できる潮満瓊《しほみちのたま》と潮涸瓊《しほひのたま》を土産に持たせ、「兄を潮満瓊で溺れさせ、兄が悔いたら潮涸瓊で救いなさい。そうすれば、必ず兄さんはあなたに従うようになるでしょう」と教えてくれたので、そのようにすると兄は「これからはあなたの俳優《わざをき》の民になるので、許してください」と降伏することになります。ワザヲキとは、ワザ（業）・

ヲキ（招き）、つまり神前で神意を招き寄せるために種々の芸をする人のことで、ここでは弟のために幇間みたいな者になりますということでしょう。この話にはトヨタマビメとの間に子供ができる話も絡まりますが、本稿はそちらについては省略します。

さて、ここでサチについて考えると、まず「利」をサチと訓じている点に或る特徴を見ることができます。この文字遣いは『常陸国風土記』の冒頭の総記の部分の「それ常陸の国は、堺《さかひ》は是れ広大《ひろ》く、地《くに》も亦緬邈《またはろか》にして、土壌《つち》沃墳《うる》ひ、原野《はら》肥衍《こえ》たり。墾発《ひら》きたる処《ところ》、山海の利《さち》ありて、人々自得《ゆたか》に、家々足饒《にぎは》へり」（引用は講談社学術文庫『風土記一』から）と、やはり「利」をサチと訓む例が見られます。同書多珂郡の項には「海に臨みて漁《すなど》らしめ、捕獲《えもの》の利《さち》を相競《きそ》はむと……」とか「朕《あれ》と家后《きさき》と、各《おのもおのも》、野と海とに就きて、同《とも》に祥福《さち》を争へり」と、「利」と「祥福」にサチの訓を与えています。

これは、「幸い」とは異なり、海山の獲物についてサチの名を用いている例証となるでしょう。「幸い」よりも物質的な幸福の内容なのです。

次に、釣り針の「鉤」を**チ**と訓じている点に或る特徴が見られます。**チ**という語はイカヅチ、カグツチ、ヲロチなどの**チ**同様、勢いのある霊格を意味します。だから、へなちょこのハリではなく、よく獲物の取れるハリという意味なのです。山の獲物を捕る武器は弓矢の矢ですが、やはりよく鍛錬した堅い矢のことをサツヤ（猟矢）といいました。このサツはサチの古形です。

つまり、サチとは元は山海の獲物を捕る霊威のある猟・漁具というのが、どうやら原義だったようです。

新村出著『語源をさぐる』（旺文社文庫）に「幸《さち》をただ幸福としてでなく、山林、山野、田園からの獲物、また他方において、海、河、あるいは湖水、沼などの水産物などをもサチと称したのである」とあることも、引いておきます。

サイハヒが植物の生命力由来なら、サチは動物由来の語という見立ても、対比的で面白いですね。結婚式の祝電に「幸多かれとお祈りします」という定型文がありますが、「物質の多いことを祈ります」と置き換えてみると、何だかもう少し幸福の内容をグレードアップしてやりたいような気もします。

さて、次にシアワセ（幸せ）という言葉についてです。

サイハヒやサチに比べると比較的新しい言葉のようです。語源は「仕合わせ・為合わせ」で、「うまく合うようにする」（『岩波古語辞典』）ことです。それが巡り合わせ・運などの意を派生させ、「仕合わせよし」「仕合わせ悪《あ》し」のように良いこと悪いこと両様に使われ、今日のように「幸せ」の意に落ち着いたものです。幸せとは互いに互いのことに合うようにすることで生まれ、保たれるものなのですね。夫婦のことについていえば、そういう夫婦が一番幸せということになりましょう。この国の「和をもって貴し」とする国民性をよく映した素敵な言葉です。

カミさんは万葉集でイモでもあった

今日では、夫婦のそれぞれの立場をどのように呼称しているでしょうか。一番普通なのは、「夫」と「妻」ですが、世間に対して少し言いにくい感じもします。

わが身を振り返ってみると、家庭内ではそれぞれを呼び合うときは単に「お～い」とか、「オマエ」とか、相方の方は「あなた」とか「あんた」とか。世間に対しては、若いころは「女房」「カミさん」、或いは子供ができると家庭内では「お母さん」などと言っていたような気がします。それで、「ワタシはアナタのお母さんじゃないから」と苦言を呈されたりしたこともありました。今は、あまり意識して使っているわけではありませんが、通常は「家内」「主人」と言っているみたいです。

まあ、それは人それぞれで、白髪の生えた妻を指して「うちの嫁さん」という人もいるし、下町辺りでは「うちのおっかあ」「うちのかかあ」、猛烈なのは「うちの鬼ばばあ」なんて言ったりしている人もいるようです。相方の方も「うちの亭主」「うちのおやじ」ならまだましで、「うちの糞じじい」「うちのダンツク」、ひどくなると「うちの唐変木」なんてなかなか負けてはいません。

他人の連れ合いに対しては敬意を込めて「ご主人」「旦那様・旦那さん」「奥様・奥さん」「ご内儀」、手紙なんかには「ご令閨さま」なんて言い方もします。『物類称呼』に、他人の妻に対しては、大阪で「おえさん」（お家さんの意）、岡山・新潟あたりで「ごりょん」（嫁御寮などの御寮の略転）、仙台では「おかた」、尊ぶときは「ごごさま」（御・御・様の意で、上の御が尊称、下の御は嫁御など女の通称）などの記述が見られます。

それでは、上古の昔はカミさんのことをどのような言葉で表したでしょうか。『万葉集』から拾ってみると夫は妻に対し、こう詠います。

立ちて居てすべのたどきも今はなし妹に逢はずて月の経ゆけば（二八八一）

我妹子が笑まひ眉《まよ》引き面影にかかりてもとな思ほゆるかも（二九〇〇）

ちなみに二八八一の歌の「たどき」は「たづき」の母音交替形で、大意「居ても立ってもいられずになすすべもなく妻に逢えずに月日だけが経ってゆくよ」といったところでしょうか。二九〇〇の「眉」はマヨと訓じられます。やはりマユの母音交替で、マユの古形です。「もとな」のモトは本《もと》、ナは「無し」の語幹ナ（無）、（本が無くなるように）とめどなく、やたらにという意味です。歌の大意は「妻の笑みや美しく引いた眉がやたら面影にかかって恋しく思われることよ」となりましょう。というわけで、「妹」「我妹子」のような言い方をしています。

カミさんがなぜ妹なんだ？

妻恋に鹿鳴《か》く山辺《やまへ》の秋萩は露霜寒み盛り過ぎ行く（一六〇〇）

上辺《かみへ》には千鳥しば鳴き　下辺《しもへ》にはかはづ妻呼ぶ（九二〇、長歌の一部）

『万葉集』には、こうした歌もあります。一六〇〇の歌は、大意「妻が恋しいと鹿がなく山辺の秋萩は露や霜が寒いので盛りが過ぎてゆくことだなあ」、九二〇は、「川の上流では千鳥がしきりに鳴き、下流の方ではカジカガエルが妻を恋しいと鳴いている」です。妻を「妻」と呼ぶ例です。

一方、妻が夫に対してはどう読んだでしょうか。

否《いな》と言はば強《し》ひめや我が背菅の根の思ひ乱れて恋ひつつもあらむ（六七九）

わが背子を今か今かと待ち居《を》るに夜《よ》のふけゆけば嘆きつるかも（二八六四）

と、「背」「背子」のような言い方をしています。六七九の歌意は「いやだともしも言うなら逢うことを強いるものですか、ただ心乱れて恋しく思っているでしょうに」、二八六四は「夫が通ってくるのを今か今かと待っているのに、夜が更けるというのに音沙汰もなく、何なのよと嘆いております」となりましょう。かつては通い婚だったため、相互に「恋しい恋しい」と、かような歌が生まれたのでしょう。

ところで、今日では「妹」と書けば、イモウトのことで、兄弟及び姉妹間で年上の者が年下の女子をいうときの名です。「背」と書けば、背中の背の意味になってしまいます。しかし、上古においては、**セ**は「古《いにしへ》は兄《あに》弟《おとと》　長《ひとなれる》　幼《いとけなき》を言はず、女《をみな》は男《をとこ》を以《も》て兄《せ》と称《い》ふ」（「仁賢紀」）とあるように、**セ**と**イモ**は対語関係にあり、**セ**は兄弟姉妹における年上か年下かにかかわらず男子を指していう語で、**イモ**は同じく年上か年下かにかかわらず女子を指していう語だったのです。転じて、結婚する相手を女性側は夫のことをセといい、男性側は妻のことをイモといったのです。

同じ「仁賢紀」に次のような逸話が載っています。

ナニハノタマスリベノフナメ（難波玉作部鯽魚女）という女性がカラマノハタケ（韓白水郎嘆）という男性と結婚してナクメ（哭女）という女子を産みます。その結婚相手が住道《すむち》の人・ヤマキ（山杵）で、アクタメ（飽田女）を産みます。ところが、ヤマキは先にアクタメの母ナニハノタマスリベノフナメと関係を持っていてアラキ（麁寸）という男子を授かっていたのですが、そのアラキがアクタメと異父兄妹同士で結婚したため、その家族関係がとても複雑になって、アラキが自分にとっても**セ**（夫）、母にとっても**セ**（兄）になるという話です。ちなみに「嘆」

とは、「麦耕《つく》る田なり」という注記があります。

昔の婚姻関係は現代の倫理観と違っていて、例えば景行天皇は皇后に二人（一書では三人）の男子（弟の方は後の日本武尊）、次妃に七男六女、次の妃に一女、次の妃に二男、次に一男、次に一男、次に三男という風にたくさんの女性との間にやたらと子供をつくり、「天皇《すめらみこと》の男《ひこみこ》女《ひめみこ》、前後《さきのち》并《あは》せて八十《やそはしら》の子《みこ》まします」というほどでした。「八十」というのは実数ではなく、「とてもたくさん」という意味です。

応神天皇はナカツヒメ（仲姫）を皇后として一女二男を生《な》しますが、これより先、皇后の姉・タカキノイリビメ（高城入姫）を妃として三男二女を、さらに皇后の妹・オトヒメ（弟姫）を次妃として三女を生すという風に三姉妹と結婚しています。

時代は下って、敏達天皇は異母妹のトヨミケカシキヤヒメノミコト（豊御食炊屋姫尊）、後の推古天皇を皇后とし、二男五女を生します。用明天皇は異母妹のアナホベノハシヒトノヒメミコ（穴穂部間人皇女）を皇后とし四男を生します。そのうちの一人がウマヤトノミコ（厩戸皇子）、つまり聖徳太子です。異母の兄妹の結婚はさほど珍しいことではなかったようです。

ただ、「允恭紀《いんぎょうき》」に次のような記述があります。「容姿佳麗《かほきらぎら》し。見る者《ひと》、自づからに感《め》でぬ」という美男の皇太子・キナシノカルノミコ（木梨軽皇子）が「亦艶妙《またかほよ》し」という美女・カルノオホイラツメノヒメミコ（軽大娘皇女）に恋をしてしまうのです。何とこの人は同母妹で、罪あることを恐れて黙っていたのですが、恋の病が募ってほとんど死んでしまうほどになってしまいます。そこで、いたずらに空しく死ぬよりはと、とうとう密通してしまうのです。時の允恭天皇は「太子《ひつぎのみこ》を罪するわけにいかない」とカルノオホイラツメノヒメミコを伊予の国に流すことにしました。しかし、群臣は太子の行いを快しとせず、弟のアナホノミコ（穴穂皇子）についたため、太子は兵を起こして戦おうとしますが、人心が自分の方にないことを知って、モモノベノオホマヘノスクネ（物部大前宿禰）の家に隠れ、最後は自殺してしまいます。同母妹との結婚は許されないという倫理観が、五世紀前半から半ばにかけてと考えられる允恭天皇のこのときまでには成立していたことが読み取れます。

岩波文庫『日本書紀』の注に「**セ**は、女から、同母の兄弟または夫を呼ぶ称。もと、同母の兄弟が、姉妹の結婚の相手であった時代がある。その頃、姉妹が兄弟を**セ**と呼んだ。後に、その兄弟と姉妹との結婚は禁止されるようになり、女は、同母の兄弟以外の男性と結婚するに至ったが、その相手の男性をも、同母の兄弟を呼ぶ**セ**という語で、呼ぶようになった結果、夫をも**セ**というのである」とあります。

いずれにせよ、兄妹が結婚する習わしは日本だけでなく、未開の社会では珍しいことではなかったようです。イモが兄弟姉妹間のイモウトの意と妻の意と併せ持つのは、そんな古い昔の残影なのでしょうか。

エとオトは兄と弟？

『日本書紀』から、家族関係について書かれている部分を抜き書きしてみると、スサノヲノミコト（素戔嗚尊）が父・イザナキノミコトの勅《みことのり》を受けて根の国に赴く前に、天上の天照大神に会いに行く折の言葉に「吾《やつかれ》、今教《みことのり》を奉《うけたまは》りて、根国《ねのくに》に就《まか》りなむとす。故《かれ》、暫く高天原に向《まう》でて、姉《なねのみこと》と相見《あひまみ》えて、後に永《ひたぶる》に退《まか》りなむと欲《おも》ふ」と、**ナネ**という言い方をしています。

天照大神はスサノヲの来訪を悪心ありと疑い「吾《あ》が弟《なせのみこと》の来《きた》ることは、豈《あに》善き意《こころ》を以《も》てせんや。謂《おも》ふに、当《まさ》に国を奪はむとする志有りてか」と、弟には**ナセ**という言い方をしています。

ナネとは直訳的に分析すると、**ナノエ**（汝の兄）となりますが、もちろん自分の姉を「あなたの兄」というのは変です。そこで、調べてみると、まず**ナ**という代名詞は、初めは一人称・つまり**ワレ**の意に用いられましたが、国語の特徴の一つとして、一人称は必ずしも話している自己を指すばかりでなく、時として相手の立場に立って彼が**ワレ**というのをそのまま受けて二人称の呼称とすることも行われます。

分かりやすい例をいうと、孫や孫娘に話しかけるおじいちゃんやおばあちゃんが往々「ぼくは大きくなったら何になりたいの？」「あたしは誕生日プレゼントに何がほしいの？」などという言い方をします。それと同じで、**ナ**は本来一人称で、その二人称への転用なのです。

上古では**エ**は**オト**（弟）の対語で、男女に関係なく使われました。ちなみに、『岩波古語辞典』に「同母の子のうち年少者から見た同性の年長者。弟から見た兄。また、妹から見た姉」とあります。だとすると、弟スサノヲが姉の天照大神を指して**ナネ**というのはやはり変です。そこで、同辞典のナネの項を見ると、ナノエの縮約とも考えられるけれども「**ネ**は親愛の意の接尾語ともいう」とあり「私の愛する人。兄・姉・恋人・親しい女子など、男女を通じて使う」とあります。これならば、弟から姉を指していう語として合点が行きます。

次に、**ナセ**はどうでしょう。**ナ**は**ナネ**の**ナ**と同じく一人称で、**セ**は**イモ**の対語で、前項でご紹介した岩波文庫『書紀』の注でも分かるように「姉妹から見た兄弟。年上にも年下にもいう」（同）語です。**ナセ**の形でもやはり「親愛の情をもって男性を呼ぶ語」（同）で、姉妹から見て弟にも兄にも使う語なのです。

なお、今日、普通に用いる**アニ**（兄）は「神代紀」の海幸山幸の話の中に「兄火闌降命《あにほのすそりのみこと》」という用例があります。**オトウト**（弟）の場合は「弟彦火火出見尊《ひこほほでみのみこと》」の用例がありますが、弟を**オト**と訓じています。**アネ**はオホヤマツミノカミ（大山祇神）の二人の娘について「姉《あね》は醜し」「妹《おとと》は有国色《かほよし》」という用例が見られます。

父母をいうカゾイロハ、オモ・アモ、シシも

父母のことは昔は何と言ったのでしょうか。

『日本書紀』に天照大神の「夫《そ》れ父母《かぞいろはのみこと》、既に諸《もろもろ》の子《みこたち》に任《ことよ》させたまひて、各《おのおの》其《そ》の境を有《たも》たしむ。如何《いかに》ぞ就《ゆ》くべき国を棄て置きて、敢へて此《こ》の処を窺窬《うかが》ふや」というセリフが出てきます。父母は既にそれぞれの子に命じて、おのおの治めるべき国の境界を定めたというのに、なんでスサノヲは命じられた根の国に行かずに、あえてあたしの国を奪い取ろうとするのか、というのがこのセリフの大意です。

「其の境を有たしむ」とは、父・イザナキと母・イザナミは国生みをした後、日の神・天照大神と月の神・ツクヨミノミコト（月夜見尊）を生み、三人目は蛭児《ひるこ》だったので「天磐橡樟船《あまのいはくすぶね》に載せて、風の順《まにま》に放ち棄」てられますが、四番目にスサノヲノミコトを生みます。この子がとんでもない暴れ者で非道のことをするので、父母は「お前は根の国に行け」と命じます。そして、天照大神は高天之原《たかまのはら》を統治し、ツクヨミノミコトは「日に配《なら》べて（天の事を）知《しら》すべし」（日中の高天之原を補助すべく夜の高天之原を統治せよという意味でしょうか）と既に命じていたことを

指しています。

というわけで、父母のことをカゾイロハという言葉をもって表しています。父をカゾというのは『倭訓栞』によると、「世次を数ふるハ父をもてすればしかいふといへり」とあります。巷間、老舗の人物などが「私で三代目」とか「私は五世ということになります」などと答えることがありますが、世次とはその「～代目」「～世」の意味で、それは祖父を一世とすれば父が二世、自分が三世というふうに「（家長たる）父」を単位にして数えるから、カゾエルの**カゾ**が父の称となったといわれている、というわけです。

一説に「家尊の音にて古訓ならずともいへり」ともあります。漢字の字音を基にした語なら、なるほど国語読み、すなわち訓とはいえなくなります。しかし、「父」のような最も基本的な語が漢語由来と考えるのはどうでしょう。筆者には、こちらの説の方は後付け、こじつけとしか思えません。

一方、母を**イロハ**というのは、「イロは本来、同母、同腹を示す語であったが、後に単に母の意と見られて、**ハハ**（母）の**ハ**と複合してイロハと使われたものであろう」と、『岩波古語辞典』にあります。

イロモといえば同じ母の腹から生まれた男兄弟からいう姉、妹の意で、**イロセ**といえば同母の姉妹からいう兄、弟の意になります。**イロド**（イロオトの約）といえば、同母の**オト**（下の意）

ですから、兄からいう弟、また姉からいう妹の意になります。イロドの対語は**イロネ**で、同母の弟からいう兄、また妹からいう姉の意になります。

アニ、アネに語感のよく似た**アモ**という言葉もあって、これは母の意です。『万葉集』の防人の歌に、

母刀自《あもとじ》も玉にもがもや戴きてみづらの中に合へ巻かまくも（四三七七）

という用例があります。

「母がもし玉だったらよかったのになあ、そうだったら、頭に載せて髪に巻き一緒に赴任地へ行けたのになあ」とは、若き防人の心情がよく偲ばれる一首です。

母を**オモ**という用例としては、「神武紀」に、神武東征の孔舎衛《くさゑ》の戦いの折に、人が大きな木の陰に隠れて難を免れたことから、その木を指して「恩《うつくしび》、母《おも》の如し」と言い、それによって時の人はその場所を名付けて「母木邑《おものきのむら》と曰《い》ふ」という記述があります。

『万葉集』には備後の国の神島の浜に横たわる屍を見て歌った長歌の反歌に、

母父《おもちち》も妻も子どもも高々《たかたか》に来むと待つらむ人の悲しさ（三三四〇）

というのがあります。歌意は「亡くなってしまった人の父母も妻子も首を長くして帰ってくるのを待っているだろうことを思えば人間というものは悲しいよね」となりましょう。

旅行きに行くと知らずて母父《あもしし》に言申《ことまを》さずて今ぞ悔《くや》しけ（四三七六）

「母父」は万葉仮名「阿母志々」で書かれていますから「アモシシ」と訓じます。歌の大意は「旅に出るとも知らず父母に挨拶もしないで来てしまったことを今悔いています」といったところか。防人の歌なので、東国訛りがちりばめられています。**アモ**は**オモ**（やはり母の意）、**シシ**は**チチ**、悔し**ケ**は悔し**キ**です。

話は飛びますが、国語の五十音図のうち、サ行とタ行は音韻が揃っていませんね。ローマ字で書くと、サ行の**シ**は shi、タ行の**チ**は chi、**ツ**は tsu です。音韻を揃えると、サ行のシはスィとなるはずですし、shi を含む行は「シャ・シ・シュ・シェ・ショ」となるはずです。タ行は「タ・ティ・トゥ・テ・ト」のはずだし、chi の音で揃えるなら「チャ・チ・チュ・チェ・チョ」に、ツの音で揃えるなら「ツァ・ツィ・ツ・ツェ・ツォ」になります。

合理的にはそうなるはずが、そうならないのが国語の持つ音韻体系なのです。ちなみに、ラ行から始まる和語がないという特徴もあり、言ってみればわが国の人にとってサ行、タ行、ラ行は言いにくく紛れやすい音韻だったといえると思います。そのため、東国方言で**チチ**が**シシ**に転訛する現象もあったわけです。

ちなみに、**チヂム**（縮む）という動詞は、かつて**シジム**という語形も行われていました。黙って身を縮めているさまを**シジマ**（黙）といったのが、今日では「夜のしじま」のようにしんとして音もない静寂の意に使われるようになりました。

思い出したい厳父・慈母

現行のチチ・ハハももちろん古くから使われていて、『万葉集』にその用例として、

こもりくの泊瀬小国《はつせをぐに》によばひせす我が天皇《すめろき》よ奥床《おくとこ》に母は寝《い》ねたり外床《とどこ》に父は寝ねたり起き立たば母知りぬべし出《い》でて行かば父知りぬべしぬばたまの夜《よ》は明け行きぬここだくも思ふごとならぬ隠《こも》り妻かも（三三一二）

という長歌もあります。歌意は「（泊瀬の小国に通って来なさる）私の天皇よ、奥の床では母が、外側の床では父が寝ています。起きて立てば母が気づくでしょうし出て行けば父が気づくでしょう。そうこうするうちに夜は明けてゆきます。人目を忍ばねばならぬ関係にある隠し妻の私って、こんなにも思う通りにならないのですよ」といったところでしょうか。

「応神紀」に、天皇が吉野宮《よしののみや》に行幸した折に、地元の人が酒を献上した時の歌に、

橿《かし》の生《ふ》に横臼《よくす》を作り横臼に醸《か》める大御酒《おほみき》うまらに聞《きこ》し持ち食《を》せまろが父《ち》

というのがあります。歌意は「カシの林で横広の平たい臼を作って醸造したお酒ですよ。さあおいしく召し上がってください、私のお父さん」といったところです。

『倭訓栞』の「ちゝ」の項に「父をよめり　重ね詞成へし」とあります。**チ**を重ねて**チチ**といったものであろうということです。『大言海』の「ちち」の項には「霊《チ》ヲ重ネテ云フ語。（中略）小児ノ語ニ起ルカ」とあります。**チ**（霊）は神の名のノツチ（野槌）、カグツチ（軻遇突智）、タケミカヅチ（武甕槌）、或いはイカヅチ、ヲロチなどの**チ**で、霊威あるいわば霊格を指す語です。上古の昔、父はそのような霊威ある者として見立てられていたのかもしれません。

そういえば、同意語の**カゾ**（カソとも）は『大言海』に「小児ヨリ起レル語ナルベシ、畏《カシコ》ノ略転カ」とあります。厳父の意というわけで、わが国では、チチとはそのような存在だったのですね。

少し前には、チチが母音交替した**トト**や**テテ**も使われていました。方言では、今なお使っているところもあるかもしれません。現代では父のことはチチ、オトウサン、トウサン、オトウチャン、トウチャン、チャン、オヤジ、或いはパパなんていう言い方をします。とても厳父という印象のない言い方ですね。

一方の**ハハ**については、『大言海』に「愛《ハ》しノ首音ノミヲ重ネテ云ヘルニテ、小児語ニ起レルナラム。父ノ霊《チ》霊《チ》ノ如シ」とあります。ハシ（愛し）は文字通り「いとしい」の意です。今日では母はハハ、オカアサン、カアサン、オカアチャン、オフクロ、或いはママなんて言い方もなされているようですが、いずれにも母とはそんな存在なんだという響きがあって、日ごろ見失っていたものに改めて気づかされた思いがします。

命は続くよ、どこまでも

子をコという言葉は古くからあり、今日にまで生きて使われています。チチ・ハハの間に生まれてくるものという意味は誰も知るところですが、『日本書紀』には比喩的にも「コ（子・児）」が用いられています。例えば、イザナキ・イザナミの国生みのくだりで、「億岐洲《おきのしま》と佐度洲《さどのしま》の双《ふたご》生む」「億岐三子洲《おきのみつごのしま》」（「神代紀」）などです。神生みでも一書に「吾、御寓すべき珍《うづ》の子《みこ》を生まむと欲《おも》ふ」（同）と、イザナキがオホヒルメノミコト（大日孁尊、天照大神《あめのしたしら》に同じ）を生むという用例があります。ウヅ（珍）とは、尊貴であるとの意です。

父母を見れば尊し妻子《めこ》見ればめぐし愛《うつく》し世の中はかくぞことわり（八〇〇、長歌の部分）

『万葉集』の山上憶良の歌を引くまでもなく、子は可愛く、愛おしいものです。逆に子供が親を思う情も篤いというのが、古来の日本の家族の風景ではなかったでしょうか。

「応神紀」に、こんな話があります。天皇が難波の大隅宮《おほすみのみや》にいらっしゃって、高殿に上り遠くを望み見ていた折に、傍らにいた妃《みめ》のエヒメ（兄媛）が西の方を望みつつ大きく嘆いているので、天皇が「なぜそんなに嘆くのか」と問うと、エヒメの答えて言うようは「近日《このごろ》、妾《やつこ》、父母《かぞいろは》を恋《おも》ふ情有《こころはべ》り。便《すなは》ち西望《にしのかたおせ》るに因《よ》りて、自《おの》づからに歎《なげ》かれぬ。冀《ねが》はくは暫く還《かへりまか》りて、親省《おやとぶら》ふこと得てしか」というものでした。父母が恋しいから暫くは親許に帰りたいというわけです。

天皇は「お前が親の顔を見ないで多くの年が経ってしまった。親許に帰りたいという思いは理の当然である」と言って、これを許すのです。天皇の心を打ったのは「温清之情篤《おやおもふこころあつ》きことを愛でて」のことです。「温清之情」とは難しい表現ですが、岩波文庫『日本書紀』の注によると、礼記、曲礼の「凡《およ》そ人の子としての礼とは冬は温かくし、夏は涼しくして、日の暮れには床を延べ、朝にはその安否を尋ねることだ」（大意）ということを下敷きにしているとのことです。

筆者の場合、母は九つで、父は十二で亡くなってしまったので、そんな思いはあってももう二度と親の顔を見ることもないのが残念です。こうした悔いを千載に残すことがないように、子は「温清之情」を以って親のことを省みてやってほしいものです。

瓜食《は》めば子ども思ほゆ栗食めばまして偲《しぬ》はゆいづくより来たりしものそまなかひにもとなかかりて安眠《やすい》しなさぬ（八〇二）

一方、親の方も、かの有名な山上憶良の歌を思い出してもらいたいものです。子を思う心切なるものがあります。瓜を食べては、栗を食べては、子供のことが目に浮かびたやすくは眠れないというのですから、憶良氏はよっぽどの子煩悩だったのでしょう。

憶良らは今は罷らむ子泣くらむそれその母も我《わ》を待つらむそ（三三七）

その憶良はまた「憶良めはもう（宴会から）退散しましょう。子供が泣いているでしょうし、その母も私を待っているでしょうから」とも歌っています。世のお父さんよ、外での一杯にかまけていてはいけません。お母さんだって習い事があるからと、或いは仕事が忙しいからと、子育てを二の次にしてしまうのは、それで本当にいいのでしょうか。

子を親子関係における子の意味ではなく、大人に対する小児という意味に使い始めたのは、『古典基礎語辞典』によると、「室町時代以後の用法」とのことです。しかし、中古文学の『枕草子』に「ちご」という言い方で次のような用例があります。

「二つ三つばかりなるちごの、いそぎてはひくる道に、いとちひさき塵のありけるを、目ざとに見つけて、いとをかしげなる指《および》にとらへて、大人ごとにみせたる、いとうつくし」（一四四段）。「二つ三つくらいの小児の急ぎ這って来るところにごく小さなゴミがあるのを目ざとく見つけて、大人ごとに見せている様子はとてもかわいらしい」の意です。チゴ（稚児）は「乳子」の意で、幼子のことです。

コドモという語は、子に複数の意を表す**トモ**（伴・共）の付いた語形で、古くは「子等」「児等」と書いてコドモと読ませる例もあります。『今昔物語』には「今昔《いまはむかし》、（中略）ト云フ人有ケリ。子共数《あまた》有ケル中ニ、形《かた》チ美麗、有様微妙《めでた》キ女子《をむなご》一人有ケリ」などと「子共」と表記する例も見られます。今日では一般的に「子供」と表記されることが多く、複数形には「子供たち」という使い方がなされます。

なお、マゴ（孫）は、子の子の意ですが、例えば「仁徳即位前紀」に「大鷦鷯天皇《おほさざきのすめらみこと》は、誉田天皇《ほむたのすめらみこと》の第四子《よはしらにあたりたまふみこ》なり。母《いろは》をば仲姫命《なかつひめのみこと》と曰《まう》す。五百城入彦皇子《いほきいりびこのみこ》の孫なり」とある「孫」を**ミウマゴ**と訓じています。ミは天皇に付ける尊称、**ウマゴ**（平安期以降はムマゴといったそうです）は『大言海』によると「蕃息子《ウマハリコ》ノ義」とのことです。

漢字の「蕃」には「茂る、増える」の義があり、国語の「張る」には「広く延びる」の義がありますから、生んで広く延びてゆく子と考えれば合点が行きます。孫は**ヒコ**ともいいます。ヒコの**ヒ**は隔てる意で、また**ヘ**（重）に通ずるとのこと。「子の子」と子を重ねたのがヒコです。ヒマゴ（曽孫）はヒヒコともいい、孫の子すなわち「子の子の子」というふうに重ねた言い方です。そのまた子はヤシャゴ（玄孫）で、ヤシハゴの転訛とされています。「雄略紀」に「狭穂彦《さほびこ》が玄孫歯田根命《やしはこはたねのみこと》」の用例があります。ヤシハコは分析の難しい語ですが、『倭訓栞』に「やしはご」の項があり、「曽孫の子也　弥頻孫の義にや」とあります。「弥」はいよいよもっての意の**ヤ**、**シハゴ**は**シク**（頻く、重く）と**ヒコ**（孫の意）の縮合、つまりいよいよもって次から次へと後に続く孫の意かもしれません。「子の子の子の子」の意になります。

そんな遠い子孫にも名があるのは、昔の人も自分の命の遠い行く末について高い関心があったからにほかならないと考えます。

太古にはハハがパパだった

上古の昔は、もちろん父母の呼称としてパパ、ママはあり得ませんが、国語のハ行音は古くはファ行音で、そのまた古くはパ行音だったそうですから、或いはハハをパパと発音していた時代もあったかもしれません。

新村出は『語源をさぐる』に「ハハという語は日本の中古、中世から近世にかけてhaha（ハハ）でなくてfafa（ファファ）であったということは疑いない」と書いているし、大野晋も『日本語はいかにして成立したか』に「室町時代末期に来朝して、キリスト教を広めた宣教師たちがローマ字で日本語を表記した文献では、応答の言葉をÀàとかHàとか書いている。これは、アア、ハアという感動詞で、今日の発音と同じと思われる。ところが『花』とか『人』とかはfana, fitoと書いている。そして、コリヤードの『日本文典』（一六三二年刊）には、ハヒフヘホの子音について『歯と唇とは完全にではないが幾分重ね合わせて閉じられる』と書いてある。また、『hとfとの中間音であって』と書いている」と証拠を挙げています。

ハヒフヘホの音を「かつてはファフィフゥフェフォだった」と書いてしまうと、しっかりと上下の唇を合わせた両唇音だったように思われますが、実際はｈとｆとの中間音だったようです。

以上の文献に目を通したことがないであろう幸田露伴も『音幻論』（岩波文庫『露伴随筆集〈下〉』所収）に「古来ハヒフヘホよりも少しく唇が狭められて発しられた音であるべきである。そこでわが国の内でも唇を狭める習慣のある北方の人の発音には今でも時々ファフィフゥフェフォが聴える。といつても確然判明する程にはいちじるしくはないので特にそれをあらはす時も無くて済んだのであらう」と書いています。（文献等にははっきりした証拠はないが）かつてｆ音が行われ、それが今も残存していることを指摘しているのです。

音声を音声として記録する手立てのなかった時代の音声をこのような文献をもとに復元するなんて、やはり学者や大文学者というのはすごいですね。

金田一京助によれば「ハヒフヘホの音が、ＦからＨに移った」のは「江戸時代初頭で、しかもこの発音の移推は、江戸人の方から始まって、拡がって行った状態が、やはり切支丹文書ではっきり辿られる」（講談社学術文庫『日本語の変遷』）とのことです。

ところで、中世の文献に記された「ファフィフゥフェフォ」の音は、上古の昔はもう少し両唇音の度が強かったのではないかと想像されます。前出の新村出は同書で「中古のはじめ、すなわち九世紀、あるいは奈良朝の八世紀、ましてや奈良朝以前、上古、太古と遡っていけば、

papa（パパ）の音を持っていたことが、明治の三十年頃、すなわち十九世紀のごく末頃、ますます明確に唱えられてもはや動かすべからざる定論になっている」と言い切っています。

こんなことを頭の中に入れて『日本書紀』に向かうと、例えば「豊葦原中国」は〝トヨアシパラノナカツクニ〟、「瑞穂の地《くに》」は〝ミツポノクニ〟のような朗読の声がおのずと耳の中に聞こえて来て、何やら一層荘重・厳粛な気分ともちょっと違った、ある種不思議な気持ちになったりします。

もっとも、村中重雄は『日本語の先史時代』で「先史時代の／p／がことごとく／F／に変わることはあり得ない」「『ことごとく消滅』ということはあり得ず、奈良時代にも／p／音が存在したはずである」とし、日本語の両唇音は／m／F／w／の3個であって、その交渉する例は見られても／p／と交渉する例は見つからず、さらに「上古の時代に／p／音が一語も見当たらないという事実こそ、日本語に／p／音がなかったことの確実な証拠である」とp音からF音への変化を否定しています。この説に立てば、ハハがパパだった頃は存在しないことになります。

でも、と筆者は考えます。私の家の庭のブルーベリーの木に、毎年花が咲く頃と、実の熟れる頃になると、何という鳥か、筆者の耳には「ウレピーヨ、ウレピーヨ、ピッピッ」としか聞こえない賑やかな鳥が飛んできて、花を食べ、実を食べてしまうのです。あの「ピッピッ」「ピーピー」の鳴き声を上古の人は一体どんな音で聞いていたのだろうと思います。ヒヨコだって、きっと昔だからといって「ヒヨヒヨ」或いは「フィヨフィヨ」なんかではなく、やはり「ピヨピヨ」と鳴いていて、古人もやはり「ピヨピヨ」と耳に聞こえていたはずだ、と。ただ、上古にはp音を写す手立てがなかったため、「ヒヨヒヨ」と書いて「ピヨピヨ」を表していた、そういうことは学問的にあり得ないのか、どなたかにぜひ教えを請いたいところです。

さて「ファフィフゥフェフォ」の音は、中古末から院政時代になると、語中語尾で次第に「ワウィウウェウォ」のように発音されるようになります。例えば、イハ（岩）はイワに、カハ（川）はカワに、トハ（永遠）はトワという風に。ハ行で活用する動詞「言ふ」「合ふ」はイウ、アウと発音され、その未然形は「イワ・ズ、アワ・ズ」、連用形は「イヰ・テ、アヰ・テ（或いはイイ・テ、アイ・テ）」、已然形は「イヱ・ドモ、アヱ・ドモ（或いはイエ・ドモ、アエ・ドモ）」などと変化します。

現代では仮名遣いまで改変されて「言う」「合う」と書くようになりました。音韻の変化は自然に任せるほかありませんが、仮名遣いの改変が、目の前の便宜だけを考えてなされたものだとしたら、果たしてそれでいいのか疑問を抱くのは不肖この私ばかりではないと思うのですが、いかがでしょう。

達磨をなんでダルマと読むんだ？

『古事記』や『日本書紀』を読んでいて気付く一つに、促音（っ）の語が見当たらないことが挙げられます。上古の昔は、促音があったとしてもそれを表記する手立てがなかったせいか、国語の中に促音自体がなかったのかのどちらかですが、どうやら促音は中国語の四声（平声・上声・去声・入声）のうちの入声の影響によるものというのは疑いのないところのようです。入声とは、先学の知恵を借用すると「支那流に入声《につしよう》といふのはフ・ク・ツ・チ・キ・ル・ムといった韵《いん》が極《ごく》小さく著《つ》くので、たとへば突撃の二字を邦人はトツゲキと発音する。これは事実を失つてゐるので、トツゲキではなくトッゲキである」（幸田露伴の「音幻論」）とある例で、大体分かると思います。

筆者在住の地より少し高崎市（群馬県）寄りに、黄檗《おうばく》宗少林山達磨寺があります。国道18号線で軽井沢（長野県）方面に向かうと、碓氷川を挟んで左手の丘の上にあります。天明の飢饉の後、苦しい農民を助けようと、同寺の東嶽和尚がだるまを作る木型を作って与えたのが始まりで、同寺周辺には今なおだるま製造会社があって、毎年だるま市が開催されています。

さて、そのだるま、漢字で書けば「達磨」です。ちょっと、物を知った人なら、「達磨」の二字を見て、タツマと読む人はほとんどいないでしょう。でも、言われてみれば、なぜタツマではなくダルマなんだと今の人なら疑問に思っても不思議ではありません。

これは、「達」が入声の語で、「元来タッもしくはダッもしくはダルもしくはダム」（露伴「音幻論」）の字音であるにもかかわらず、「ッ」や「ル」や「ム」がわが国にはない音韻だったため、「達」の字音を「タツ」ないしは「ダチ」に置き換えて取り入れたために起こった現象です。「達磨」の場合はサンスクリット語のdharma（仏法の「法」の意）の音訳であるから「達」の字音ダルに近い発音をしようとし、「わが言語社会では入声をも平声・上声・去声にして用ゐることを常とし、かつさうすることを上品な国振りと考へてゐる」（同）ことから、ダルをダルに移して発音したのが、「達磨」＝ダルマの正体なのです。

ただ、今日、東京周辺で言う「言って」「買って」が、関西では「言うて（ゆうて）」「買うて（こうて）」になる現象を見て、関西弁を標準語から見た地方語のように考えるのは、言語現象も政治とは不可分だと知らされます。長い間の奈良や大阪や京の政治の中心が、鎌倉幕府の成立で初めて東国へ移ったのです。

言語も次第に東国の言葉が強勢化してゆくのは抗しがたい事実で、東国＝田舎っぺ意識の克服に役立ったと思う人は頼朝さんに敬意を表してほしいと思います。

考えるについて考える

「崇神紀」（岩波文庫『日本書紀一』）に「秋九月《ながづき》の甲辰《きのえたつ》の朔《ついたち》 己丑《つちのとうしのひ》に、始めて人民《おほみたから》を校《かむが》へて、更《また》調役《みつきえだち》を科《おほ》す」と、「校」の字をカンガフ意に用いる用例があります。『古事記』ではこの部分は「ここに天《あめ》の下太平《たひら》けく、人民《たみ》富み栄えき。ここに初めて男の弓端《ゆはず》の調《みつき》、女《をみな》の手末《たなすゑ》の調を貢《たてまつ》らしめたまひき」で、カムガフという語は使われていません。大意は、初めて人民から調（生産物）・役（力役）という税を賦課したということです。紀では男には「弭調《ゆはずのみつき》」となっていますが、意味は記の「弓端」と一緒で、弓の末すなわち狩猟生産物（獣肉や毛皮など）、女には手の末すなわち女の手先に成る生産物（糸や織物など）を納めさせたというわけです。

紀の「校」をカムガフの語に用いたことを考えると、人民に一律ではなく、それぞれの富の差を比べ調べてという意味ではないかと思います。書物や新聞製作に携わる人々の中に、校正または校閲担当者がいます。彼らの仕事はAとBを比べ正したり、Aの不備・誤りを正すのが仕事です。これは、**カンガフ**という動詞の成り立ちをよく映した用例だと思うのです。

『古典基礎語辞典』は、カムガフは「**カ**は、アリカ（在処）・オクカ（奥処）・スミカ（住処）のカと同じで所・場所・点の意。ムカフは**ムク**（向く）の連用形**ムキ**（向き）に、合わせる意の動詞**アフ**（合ふ、ハ下二）が付いて成った語。よってカムガフは、所と所をむき合わせ、ひき合わせて、一致するか一致しないかを検査するのが原義」と説明しています。

　時代は下って、「雄略紀」にアヘノオミクニミ（阿閉臣国見）がタクハタノヒメミコ（栲幡皇女）とその湯あみの仕事をする男とを「男が皇女を汚して妊娠させた」と譖言《ざんげん》する記事があります。天皇はこれを聞き、「皇女を案《かむが》へ問はしめたまふ」と、「案」の字をカンガヘと訓じています。『大字典』によると、「案」は「按」に通じ、考ふの意にも用いられます。本当かどうかを調べ糺《ただ》したということでしょう。

「允恭紀」には、天皇の弔問に訪れた新羅の弔使《とぶらひのつかひ》が、都の傍《ほとり》にある耳成山・畝傍山を愛でて、「うねめはや、みみはや」と言ったのを聞いた役人が「采女に通《たは》けたり」と疑って、新羅の使者を捕縛したというシーンで、尋問する意に「推《かむが》へ問ふ」という表記を用いています。「推」はオス（押し開く）という字義ですが、「推察」といえば推し量り考えること、推理といえば理を推しで考えるという意で、本当かどうかをカンガエルのに「推」もまた用いて不自然ではありません。

『大言海』は「かハ発語、か対《むか》ふる義」と、「か」の解釈が『古典基礎語辞典』と少し違いますが、「相対《アヒムカ》ヘテ推シ定ムル意」と、似たような語義解釈をしていることを併せて記しておきます。

『古事記』『日本書紀』は車の両輪

私たちのような現代人は、先人が知恵と工夫を重ねて作り上げた漢字仮名交じり文にとっぷりと浸かって、基本的に和語と漢語をもって（近年はこれに英語をはじめとする外来語をも加えて）言語生活を行い、自他のコミュニケーションを取るだけでなく、思考の手立てにも使っています。ですから、国語表記のために漢字を主として音韻を表すために使った『古事記』よりも『日本書紀』のように漢字を訓読した文章に接すると、場合によっては辞書を引かずとも、和語のどのような義で行われていたか、或いは今では見慣れない、聞きなれないようになってしまった和語がどのような意味で使われていたのかを類推でき、読解に大変便利です。

ただし、国語の本来の相貌について理解するには、古語辞典などに当たることが何よりも重要ですが、そういう知的好奇心の働いた語については、時間をかけてでも立ち止まって辞書に当たるのが実になるというか、既成観念を覆し蒙を啓くきっかけにもなります。これは筆者の経験が導いた古典読書法です。

そこで、実例を挙げながら、筆者の古典読書法の一端を次に披露してみます。

例えば、「神武即位前紀」の「皇師兵《みいくさつはもの》を勒《ととの》へて、歩《かち》より竜田に趣《おもぶ》く」について、次のように読解します。ミイクサ（皇師）の**ミ**は神や天皇に関する語に載せる尊称の意を表す接頭語です。「師」は「〇〇師団」というように用いる字ですから軍隊の意だと解します。しかし、その読みはイクサです。イクサは今日には戦闘の意で、軍隊の意ではありません。そこで、辞書で調べるわけです。『岩波古語辞典』は懇切に次のように解説しています。「イクはイクタチ（生大刀）・イクタマ（生魂）・イクヒ（生日）などのイクに同じ、力の盛んなことをたたえる語。**サ**はサチ（矢）と同根、矢の意。はじめ、武器として力のある強い矢の意。転じて、その矢を射ること、射る人（兵卒・軍勢）、さらに「軍立ち」などの用例を通して矢を射かわす戦いの意に展開」。戦闘の意に用いる今日のイクサは、より日の浅い用法だと理解されるわけです。

次に、ツハモノ（兵）です。国語が得意でない人も、中学や高校で一度は「夏草や兵《つはもの》どもが夢の跡」という句に接したことがあるに違いありません。松尾芭蕉の『奥の細道』にある有名な句です。芭蕉は平泉に至り、藤原三代の栄耀《えいよう》が一炊の夢の中にあって、功名一時の草むらになると観想し、この句を詠んだのです。ツハモノすなわち兵士と読み取って誤りありません。前出の「兵《つはもの》を勒《ととの》へて」も、そのように読み解いても通じるところですが、イクサについて辞書を引いたついでにツハモノについても当たってみると、まず「武器・武具」の義が記されています。『大字典』の「兵」に当たると、「斤と廾の合字。斤はヲノ。廾は両手。即ち両手に持つ斧の義にて武器の総称」とあり、「軍人」は転義との由です。当該箇所は「武具をととのえて」と解する方が正しいわけです。さすれば「勒」をトトノフと訓じるのは何ゆえか、私たちの文字生活では「勒」の字は「弥勒菩薩」に使われる字という程度の知識しかありません。

ここはやはり、字書に頼るのが正道です。すると、「勒」はクツワ（轡）の意とあります。つまり、武器・武具を用意し、馬の轡をとっていざ出陣というシーンをトトノエという語で表しているのです。

「歩《かち》より竜田に趣《おもぶ》く」とは「徒歩で竜田へ赴く」の意です。オモムクに使われている「趣」は、現在では「オモムキがある」などの意に名詞として使われますが、字義は「赴」と同じでハシリオモムク（走りゆき至る）です。

さて、「神武紀」のこんな短い文にも、こんなにも学ぶべきことが詰まっていて、それこそ読書の楽しみといえますが、江戸時代の大国文学者・本居宣長は、言葉の形を知るには『日本書紀』よりも『古事記』としているので、以下にご紹介しておきたいと思います。

「石上私淑言　上巻」（岩波文庫『排蘆小船・石上私淑言』所収）に、歌の初めはイザナキ・イザナミがオノゴロ島に降り立って、天の御柱を巡って互いに声を掛け合ったその言葉だとし、『古事記』に記されるイザナミの「阿那邇夜志愛袁登古歟《あなにやしえをとこを》」が、「神代紀」では「妍哉《あなにゑや》、可愛少男歟《えをとこを》」となっていて、「妍哉、此をば阿那而恵夜《あなにゑや》と云ふ。可愛、此をば哀《え》と云ふ」と注記されていることを挙げ、「古事記は古語のまゝを仮字《かな》にてかき、『神代紀』は文字に訳して其義をあらはしたる物也」と指摘、「すべて何ごとも古事記を本文とし、『日本紀』を註解としてみるべき事也。殊に言の葉の道におきては、古語をむねとして考ふべき事なれば、古事記は又たぐひもなくめでたき書にて、此道にこゝろざゝむ人は、あけくれによみならふべき物也」としています。

確かに、古語の姿かたちを知るにはまず言葉の音を知るべきで、歌詠みにはそれこそが必須の勉強だということになりましょう。「神代紀」の「妍哉、可愛少男歟」は注記なしには国語としてどう読むのか全く分からないのですから。また、一方「阿那邇夜志愛袁登古歟」だけでは国語の音の姿かたちは分かってもどういう意味か理解しにくいのも事実です。そこでアナニヤシは「妍哉」で、エヲトコヲは「可愛少男を」ということで、文字の上からその音の意味を解することができるわけです。

こう考えると、上古の昔に、私たちは『古事記』『日本書紀』の二つを得たことが、どれほど幸いだったかを思わずにはいられません。『古事記』『日本書紀』の二つがあってこそ、今日まで、いやこれから先までも、国語のその生命の永遠性を担保されたのだと、改めて先人に感謝しなくてはならないでしょう。筆者は、日本の未来の人たちへの遺言として、ここに声を大にして言い置きたいと思います。

あはれ、夢といふはなんぞ

国語の「夢」は元**イメ**だったといえば、「ヘーッ」と思う読者が少なからずいるのではないでしょうか。さらに、今日の「寝る」という行為は上古では横になる意で、睡眠の意の**イ**という名詞と複合して、**イヌ**（寝ぬ）の形で用いられたといえば「ヘーッ」が二倍になって返ってきそうです。

イメは睡眠（イ）している間の**メ**（目）という意味で、そこに見えるものということになります。イメがユメになるのは、イメの**イ**は恐らくヤ行の**イ**で、〈yi〉が〈yu〉に母音交替した形だと考えられます。

『万葉集』の「イヌ（寝ぬ）」の用例を探してみると、次のようなものがあります。

夕されば君来まさむと待ちし夜のなごりそ今も寝《い》ねかてにする（二五八八）

わが背子に恋ふとにしあらしみどり子の夜泣きをしつつ寝ねかてなくは（二九四二）

二五八八の歌の大意は「夕方になるとあなたがいらっしゃると待っていたその気持ちの名残が今も寝がたい思いにさせるのです」、二九四二の方の大意は「あなたのことを恋しく思っているらしいですよ、赤ん坊が夜泣きするみたいに夜泣きをして寝がたくさせているのは」ということになりますが、もちろんこの語はほかにもいろいろな歌に詠まれています。

イヌ（寝ぬ）という動詞は「イネ・ず、イネ・たり、イヌ、イヌル・とき、イヌレ・ば、イネ・よ」と、下二段で活用します。横になる意の**ヌ**も、当然下二段活用で「ネ・ず、ネ・たり、ヌ、ヌル・とき、ヌレ・ば、ネ・よ」となります。

『万葉集』に、

皆人を寝《ね》よとの鐘は打つなれど君をし思へば寝《い》ねかてぬかも（六〇七）

という歌があります。大意は「みんな寝なさいと鐘を打つ音が聞こえてくるけれども、あなたのことを思っているからなかなか寝入ることができないのですよ」といったところでしょうか。原文の万葉仮名は「寝よ」が「宿与」、「寝ね」が「寐」でちゃんと使い分けています。分かりやすくいうと「宿与」は「早く布団に入って横になりなさい」で、「寐」の方は〝睡眠〟の意の文字遣いといえそうです。

睡眠の意の**イ**には、安眠・熟睡の意に**ウマイ**という素敵な響きの古語もあります。満足して快いという意の古語「美《うま》し」の語幹と睡眠の意の**イ**とでできた語です。

『万葉集』に、

白たへの手本《たもと》ゆたけく人の寝《ぬ》る甘眠《うまい》は寝ずや恋ひわたりなむ（二九六三）

という歌があります。大意は「白栲《しろたへ》で作った木綿《ゆふ》の着物の袂をゆったりとして寝る安眠などなかなかできないものですよ、共寝するあなたを恋しい恋しいと思っているのですから」といったところでしょうか。「白妙の」は一般的に原料の木綿と同音なところから「夕」、或いはその白いところから「雲」「波」「富士」「羽」などの枕詞とされますが、ここでは木綿でできた寝衣の修飾語と考えてもよさそうです。

現代語の「うまい」は、主として①上手（上手い、巧い）の意と②おいしい（旨い、美味い）の意に用いられますが、古語の「うまし」の語感とかなりの隔たりがあることに気づきます。ユメについても一緒で、現代では夢心地、夢物語、太平の夢、夢の超特急など、大リーガーを夢みる……など、どちらかというと、いい意味に用いるケースが多いように思います。もちろん、夢破れる、夢のまた夢、夢と消える……のように用いれば実現しないということを強調したマイナスイメージの用法にはなりますが。

夢はまた、予知・予兆の文脈や、占いの判断材料にも用います。

「欽明紀」に「天皇幼《すめらみことわか》くましまししし時に、夢《みゆめ》に人有りて云《まう》さく、『天皇、秦大津父《はだのおほつち》といふ者《ひと》を寵愛《めぐ》みたまはば、壮大《をとこさかり》に及《いた》りて、必ず天下《あめのした》を有《し》らさむ』とまうす。寐驚《みゆめさ》めて使《つかひ》を遣はして普《あまね》く求むれば、山背国《やましろのくに》の紀郡《きのこほり》の深草里《ふかくさのさと》より得つ。姓字《うぢな》、果して所夢《みそなは》ししが如し。是《ここ》に、忻喜《よろこ》びたまふこと身に遍《み》ちて、未曽《めづら》しき夢なりと歎《ほ》めたまふ」というくだりがあります。

若い時の夢にハダノオホツチを寵愛すれば必ず将来、天下を統治するようになるだろうと告げられ、そうした名の人物を探すと、山背国の紀郡の深草里から同じ名の人物を見いだしたので、嬉しさでいっぱいになった。いい夢だったとお褒めになったというものです。

「崇神紀」にはやはりオホモノヌシノカミ（大物主神）と名乗る神が夢に現れ、「我が子のオホタタネコ（大田田根子）に自分を祀らせれば、忽ち海外の国も帰順するだろう」と告げる話もあります。また、天皇がトヨキノミコト（豊城命）とイクメノミコト（活目尊）の二人に勅《みことのり》をして、お前たちは「慈愛《うつくしび》共に斉《ひと》し」、どっちを嗣《ひつぎ》にしたらよいか分からないから「各《おのおの》夢みるべし。朕《われ》夢を以《も》て占《うら》へむ」と夢占いをする話も出てきます。夢占いで二人の皇子の人生の将来が決まるのですから、今の感覚でいえば、夢とはおそろしいものです。

「夢」という漢字は、「瞢の省画と夕の合字。本義は夕暮となりて、物の明に見えざること。故に夕をかく。瞢は目の明ならざる義」（『大字典』）で、ユメの意は仮借だとしています。大まかにいえば、ぼうっとしている状態で見るカタチとでもいえましょうか。言わばマボロシなのです。いいこと悪いこと、栄華盛衰を越えて人生ははかないまぼろしだと観想する文学もあるのです。「祇園精舎の鐘の声、諸行無常の響きあり。沙羅双樹の花の色、盛者必衰のことわりをあらはす。奢れる人も久しからず、唯春の夜の夢の如し」（『平家物語』）と。

「あはれ、夢といふはなんぞ」というのが、筆者の感懐です。

天皇の風貌かく表しき

『日本書紀』のうち、人皇紀の記述の仕方は、初めの方にその相貌と天性について描写されるパターンがあります。

神武天皇は「生《あ》れましながらにして明達《さか》し。意確如《みこころかたくつよ》くます」とあり、綏靖《すいぜい》天皇は「風姿《みやびすがた》岐嶷《いこよか》なり。少《をさな》くして雄抜《をを》しき気《いきさし》有《ま》します。壮《をとこざかり》に及《いた》りて容貌魁《みかたちすぐ》れて偉《たたは》し。武芸《たけきわざ》人に過ぎたまふ。而《しか》して志尚沈毅《みこころざしおごご》し」とあります。

安寧天皇以下、懿徳、孝昭、孝安、孝霊、孝元、開化の七代については元々の記事内容も乏しく、従ってそのひととなりについて記すところはありません。

崇神天皇は「識性聡敏《みたましひさか》し。幼《わか》くして雄略《をしきこと》を好みたまふ。既に壮《をとこざかり》にして寛博《ひろ》く謹慎《つつし》みて、神祇《あまつかみくにつかみ》を崇《かた》て重《あが》めたまふ」とあり、垂仁天皇は「岐嶷《いこよか》なる姿《みかたち》有り。壮《をとこざかり》に及《いた》りて倜儻《すぐ》れて大度《おほきなるみこころ》います。率性真《ひとなりまこと》に任せて、矯《なほ》し飾る所無し」とあります。

景行天皇はその子・ヲウスノミコト（小碓尊）つまり日本武尊については「幼《わか》くして雄略《ををしき》気《いき》有《ま》します。壮《をとこざかり》に及《いた》りて容貌魁偉《みかほすぐれたたは》し。身長一丈《みたきひとつゑ》、力《みちから》能《よ》く鼎《かなへ》を扛《あ》げたまふ」とは書かれていますが、本人については記述がありません。代わりに、次の「成務紀」に「我が先皇《さきのみかど》大足彦天皇《おほたらしひこのすめらみこと》、聡明《さと》く神武《たけ》くして、籙《つぎて》に膺《あた》り図《しるし》を受けたまへり。天《あめ》に洽《かな》ひ人に順《したが》ひて、賊《あた》を撥《はら》ひ正《ただしき》に反《かへ》りたまふ。徳《めぐみ》、覆燾《おほひのする》に侔《ひと》し。道、造化《なしいづる》に協《かな》ふ」と描いています。

こうしてみると、天皇に対する褒め言葉は、容貌については①いこやか②すぐれてたたはし——、天性については①さとし②かたくつよし③ををし④たけし⑤おごごし⑥ひろし——などが軸になっているように思います。

「いこよか」という語は語感が「にこやか」に似ていますが、もちろんにこにこして鷹揚《おうよう》な顔つきという意味ではありません。漢字の「岐嶷」は様子の卓異なること、すなわちすぐれていることをいいます。にっこりとしまりのない顔でなく、きりりとして厳めしい容貌と褒めているわけです。『岩波古語辞典』はイコヨカの「イコはイカシ（厳）のイカの母音交替形」と説明しています。「たたはし」は、動詞「たたえる（湛）」（古語は四段活用で「たたふ」の語形）の形容詞形で、〝水がいっぱいに満ちている〟そのように「満ち満ちて、立派で盛んである」（同）という語義です。

天性については大体現代でも通用する用法で、要するに聡明、勇猛、寛大の意ですが、一つ「おごごし」は意味の取りにくい語かもしれません。でも、「おごおごし」の縮約形でオゴはオゴソカ（厳か）のオゴといえば、合点が行くでしょう。つまり、峻厳な性格だということです。

ウックシイ人は美しい人でなかった

皇后や妃の容貌について『日本書紀』はどのように形容しているでしょうか。

その前に、「神代紀」にも目配りしておきましょう。イザナキ・イザナミが「天下《あめのした》の主者《きみたるもの》」として日の神・大日孁貴《おほひるめのむち》（別名・天照大神）を生みますが、「此《こ》の子《みこ》、光華明彩《ひかりうるは》しくして、六合《くに》の内に照り徹《とほ》る」「吾が息多《こさは》ありと雖も、未だ若此霊《かくくしび》に異《あや》しき児《こ》有らず」と、この女神を崇め称えています。ちなみに、「六合」と書き、クニと訓ずるのは、東西南北の四方と天地を含む六方を合わせたところをクニとする考え方によります。

それでは、人皇紀に目を移します。まず第一の神武天皇は東征のミイクサに忙しい中、「事代主神《ことしろぬしのかみ》、三嶋溝橛耳神《みしまのみぞくひみみのかみ》の女玉櫛媛《むすめたまくしひめ》」の間に生まれたヒメタタライスズヒメノミコト（媛蹈鞴五十鈴媛命）を迎え正妃《むさひめ》としますが、同媛について「国色秀《かほすぐ》れたる者《ひと》」と記述しています。漢語の「国色《こくしょく》」は『大字典』によると「一国に並ぶものなき容色。又、後世は美人の称」としています。そう書いて、カホスグレタルと訓じているわけです。

次の綏靖天皇は母の妹のイスズヨリヒメ（五十鈴依媛）を皇后としますが、その容姿についての記述はありません。安寧天皇以下七代の天皇の皇后についても同様です。崇神天皇の御代には疫病が流行って、国も乱れてその討伐に追われたりして、皇后の容色について書く暇もなかったのでしょうか、やはり何とも書かれていません。

女性の容姿のことならと、ありました、ありました。子供八十人（実数ではないでしょうが）という艶福家の景行天皇の項を開くと、美濃に行幸の折、近習の者が「茲《こ》の国に佳《かほよき》人《をみな》有《はべ》り。弟媛《おとひめ》と曰《まう》す。容姿端正《かほきらぎら》し」というので、オトヒメの家に行き、妃にしようとするのですが、オトヒメにその気がなく、自分は「形姿穢陋《かほかたな》し」と謙遜し、代わりに姉のヤサカノイリビメ（八坂入媛）は「容姿麗美《かほよ》し」と薦めるのです。天皇はこれを聴許し、妃となったヤサカノイリビメは七男六女を産むのです。同じころ、美濃国造《みののくにのみやつこ》の二人の娘が二人とも「有国色《かほよ》し」と聞きつけ、息子のオホウスノミコト（大碓命）――この人物は日本武尊の双子の兄――を遣わして、その顔を見にやらせると、その器量の良さに参ったのか、ひそかに通じて天皇に復命せず、ために大碓命は天皇の恨みを買ったというシーンもあります。

ちなみに、引用文中の「穢陋《かたな》し」はキタナシ（汚）の母音交替形です。

新羅を征伐した麗人・神功皇后は「幼《わか》くして聡明《さと》く叡智《さか》しくいます。貌容壮麗《はなはだかほよし》」と「摂政前紀」にあります。顔もいいけれども、聡明さをまず称えています。もっとも、いざ戦を始めようとするとき、皇后は「吾婦女《われたをやめ》にして、加以不肖《またをさな》し。然れども暫く男《ますらを》の貌《すがた》を仮りて、強《あながち》に雄《をを》しき略《はかりごと》を起さむ」と、「あたしは本当は〝たおやめ〟なのよ」と言っています。
最初の女帝・推古天皇については、その「即位前紀」に「姿色端麗《みかほきらぎら》しく、進止軌制《みふるまひをさをさ》し」とあります。ヲサヲサシのヲサは「長」のことで、〝人の長としてふさわしいさま〟をいいます。ここでは、〝その挙措進退が天皇としてぴったりである〟ということになります。

少し戻って、「垂仁紀」に次のような記述があります。垂仁天皇は開化天皇の子の娘・サホビメ（狭穂姫）を皇后としますが、その実兄が謀反を謀ります。兄は妹のサホビメに「汝《いまし》、兄《いろせ》と夫《をうと》と孰《いづ》れか愛《うつく》しき」と迫ります。皇后は兄のこの問いの意趣を知らずに「兄《このかみ》ぞ愛《うつく》しき」と答えてしまいます。兄は自分の謀反に引っ張り込むべくこうお説教します。「夫《そ》れ、色《かほ》を以《も》て人に事《つか》ふるは、色《かほ》衰へて寵《めぐみ》緩《や》む。今天下《あめのした》に佳人《かほよきをみな》多《さは》なり。各《おのおの》遁《たがひ》に進みて寵《めぐまれむこと》を求む。豈《あに》永《ひたぶる》に色《かほ》を恃《たの》むこと得むや」と。年取って容色が衰えたら別の美人に寵を奪われてしまうだろうと、妹に天皇暗殺をさせようと謀るわけです。

ここで現代人が不思議に思うことは、女性に対してカホヨシやらカホキラギラシなどとは形容するものの、ウツクシは兄または夫への形容であって、ウツクシイ人すなわち美人ではないということです。「神代紀」に「美人」の表記に「たをやめ」と訓じた用例があります。タヲヤメ（タワヤメとも）は〝しなやかにして優しい女性〟の意で、ドラマなどを見ていると最近はそんな美人が主役のものが少ないなあと感じるこの頃です。

『万葉集』の

愛《うつく》しと思ふ我妹《わぎも》を夢《いめ》に見て起きて探るになきがさぶしさ（二九一四）

天地《あめつし》のいづれの神を祈らばか愛《うつく》し母にまた言《こと》問はむ（四三九二）

の用例（ちなみに、二九一四の大意は「愛しいと思う恋人或いは妻を夢に見て目覚めて手で探ってみるがそこにいないことに気づいて寂しいよ」、四三九二の大意は「天地のどの神様を祈ったら愛する母にまた声をかけられるだろうか」となりましょう）、或いはかの有名な山上憶良の

父母を見れば尊し妻子《めこ》見ればめぐし愛《うつく》し・・・・（八〇〇の長歌の一部）

などの用例をみても、確かにウツクシはキレイという意味とは異なっています。カホヨシではなく、イトシイ、カハイイに近い意味だったのです。

『岩波古語辞典』はウツクシについて「親が子を、また、夫婦が互いに、かわいく思い、情愛をそそぐ心持をいうのが最も古い意味。平安時代には、小さいものをかわいいと眺める気持へと移り、梅の花などのように小さくかわいく、美であるものの形容。中世に入って、美しい・綺麗だの意に転じ」た旨の語釈があります。

いずれにせよ、もしいにしえにミスユニバース級の容姿端麗、ぞくぞくするほどの八頭身美人がいたとしても、平安期でさえ「うつくしき人」とは言わなかったのがわが国語のありようだったわけですね。

自然の息は風である

国語の語根**シ**の一つに風の意があります。「神代紀」の一書《あるふみ》に、イザナキとイザナミが大八洲国《おほやしまのくに》を生んだ後、イザナキが「『我が生める国、唯《ただ》朝霧のみ有りて、薫り満てるかな』とのたまひて、乃《すなは》ち吹き撥《はら》ふ気《いき》、神と化為《な》る。号《みな》を級長戸辺命《しなとべのみこと》と曰《まう》す。亦は級長津彦命《しなつひこのみこと》と曰《まう》す。是、風神《かぜのかみ》なり」というくだりがあります。岩波文庫『日本書紀』の注によると、シナトベ及びシナツヒコの「**シ**は風・息の意。シナは、息長《おきなが》にあたる」とし、シナトベの**ト**は連体格助詞**ツ**と交替しやすく、ベはメ（女）と交替しやすいので、ここでは息長の女神と解するのがよいとの由。一方のシナツヒコのヒコは男を表す語だから男神であり、男女一対の神と分析しています。『古事記』の風の神は「志那都比古神《しなつひこのかみ》」単独です。

ついでにいうと、カイツブリという鳥は水によく潜る習性があり、息が長いということで古名シナガドリ（息長鳥）ともいいました。『万葉集』に「しながとり」を枕詞に持つ歌が四首あります。地名のゐな（猪名）に懸かるもの三首、地名のあは（安房）にかかるもの一首です。万葉仮名の表記を見ると、志長鳥が一、四長鳥が二、水長鳥が一です。志、四はその音を取り、水はその意味を汲む表記と考えられます。

さて、その**シ**ですが、生き物の場合、息の意ですが、自然界の呼吸現象は風です。幸田露伴は「音幻論」（岩波文庫『露伴随筆集（下）』所収）に「シとチ」の項目を立て、アラシ、アナシ（嵐の転、または戌の方角からの風＝イヌシの転）、ナガシ（夏の初めに吹く長風）、ニシ、ヒガシ、シマキ（雪交じりの風）、シキリ（風霧）、シグレ（時雨）、シブキ（飛沫）などについて、それぞれ分析しています。このうちのアラシは、「**アラ**は暴、**シ**は風」とし、

み吉野の山の下風《アラシ》の寒けくにはたや今夜《こよひ》も我がひとり寝む（七四）

と、『万葉集』巻一の文武天皇の御製を引いています。歌意は「み吉野の山から吹き下ろす強い風が寒いというのに今夜も私は一人寝をするんだなあ」となりましょう。

そういえば、筆者の地元の上州（群馬）名物「かかあ天下と空っ風」の「空っ風」は赤城山から吹き下ろす冬の冷たい強風で、「赤城おろし」と呼んでいます。万葉の歌も「下風」をアラシと訓じているのですから、アラシ＝オロシとなりそうです。ただし、それぞれ母音交替形かというと、検討の余地がありそうです。

というのは、アラシは形容詞の活用語尾「シ」か動詞「荒らす」の連用形アラシを、オロシも動詞「下ろす」の連用形オロシをどうしても連想してしまうからです。そう考えると、アラシはアラキ・シ、オロシはオロス・シの縮約かなとも思いますが、さてどうでしょう。オロシ

は赤城おろしばかりでなく、比叡おろしなどにも使われる語で、先人は「颪」という国字まで作ってしまいました。寒風をいう語にはコガラシもあります。木の葉を枯らして落とすような秋から冬へ行く折の季節風です。

次に、ニシ、ヒガシのシを風とすることについて、露伴は同書で『古事記』仁徳の条の

倭《やまと》へに爾斯《にし》吹きあげて雲ばなれ退《そ》き居《を》りともわれ忘れめや

を引き「爾斯」は西風であるとしています。ヒガシはヒムカシの約まった語形で「ヒガシが直ちに東風なる証歌は今あげ難いが、東方より吹く風をヒガシといつたことは争ふべくもない」とし、ニシの語源として「日の往《イニ》し方の意かとも古説にいひ、ヒムガシに対《むか》へては日の往し方とする方がよいであらうが、今は論ずる所なく、ともかくシが風の義であるのが分る」と書いています。『岩波古語辞典』はヒムガシについて「『日向かし』の意。シは風の意から転じて、方角を示す語」と説明しています。ニシについても「ニは動詞イニ（去）の名詞形の頭母音イの脱落した形。シは風向きの意から方角を表わす」と解説しています。

露伴は同書で、風の意のシはジにもなり（旋風の意のツムジ、山から吹く風の意のヤマジなど）、ヤマジがヤマセのようにセにもなり、ヤマゼのようにゼにもなり、そのほか、サやズにも変化することを提示し、そればかりか、そよ吹く風の小風は東風と書いてコチというようにチにも変じ、また疾風の意のハヤテのようにテにも変じることも指摘しています。

ハヤテについては「神代紀」に次のようなくだりがあります。アメワカヒコ（天稚彦）がタカミムスヒノミコト（高皇産霊尊）からもらった弓矢でキジを射ると、矢はキジの胸を通過してタカミムスヒノミコトの前まで至り、「これは私がアメワカヒコに与えた矢だ」と、返してやるために投げ下ろすと、何と新嘗《にひなへ》して寝ていたアメワカヒコの胸に刺さって死んでしまうのです。妻のシタデルヒメ（下照姫）が悲しく泣いているとその声が天に聞こえ、アマツクニタマ（天国玉）がその泣き声を聞きつけ、アメワカヒコの既に亡くなったことを知り、「乃ち《すなは》疾風を遣《つかは》して、尸《かばね》を挙げて天《あめ》に致《いた》さしむ」のです。岩波文庫『日本書紀一』では、この「疾風」に「はやち」のルビを施しています。ハヤチはハヤテの前の語形というわけですね。

国語の chi と shi は入れ替わりやすいことは前述したところですが、入れ替わるというよりも、かつて行われていた国語の或る音を表すのに**シ**と表記したり**チ**と表記したりしただけで、本当の音は一つであり、それをああ聞き、こう聞いて似ている漢字音を使って書き表しただけではなかったか、とも考えられます。露伴翁はこう書いています。「風はシでもなくチでもなく、thi のやうな音だとも思へる。さう解釈すると、**シ**も**チ**も風の邦語をその綴りで表して通ずることを得るやうな気もするが、しかしそのやうな事は猥《みだ》りに思ふべきでない」。そこはやはり大文学者の見識です。便利だ、正確だといって、国語をローマ字で表記するなんてことをみだりに考えてはならん、と戒めているのです。

上古からカゼだって吹いている

シ、チが息の意であり、自然界の息である風のことであることはご理解いただけたと思いますが、それではカゼ（風）という語は、そのシなりチなりからどうやってできたかと、疑問に思う方もいるのではないでしょうか。カゼは『大言海』によると「気風《カジ》ノ転カ」としています。カはケハヒ（気配）、モノノケ（物の怪）の**ケ**（気）で、**ジ**が風です。しかし、初めに**シ**（ジ）なり**チ**なりがあって、後からカゼという語ができたわけではなく、カゼという語も古くから用いられていました。

「神代紀」の一書に、その悪行を責められて衆神《もろかみたち》に「急《すみやか》に底根《そこつね》の国に適《い》ね」と葦原中国《あしはらのなかつくに》を追放されたスサノヲが長雨の降る中、「青草を結束《ゆ》ひて、笠蓑《かさみの》として、宿を衆神に乞ふ」のですが、拒否されるシーンがあります。そのため「風雨甚だふきふると雖も、留《とま》り休むこと得ずして、辛苦《たしな》みつつ降《くだ》りき」という用例があります。

「景行紀」には、熊襲征伐の後、また東の賊を平らげよと命じられた日本武尊が、相模から上総へと海を渡ろうとするくだりで、「暴風《あらきかぜ》忽《たちまち》に起りて、王船《みふね》漂蕩《ただよ》ひて、え渡らず」「今風起《ふ》き浪泌《はや》くして、王船没《しづ》まむとす」の用例もあります。「神功皇后摂政前紀」には「飄風《つむじかぜ》忽ちに起りて、御笠堕風《みかさふけおと》されぬ」の用例も。

『万葉集』にもカゼ（風）の用例はたくさんあります。以下に拾うと、

一つ松幾代か経ぬる吹く風の声《おと》の清きは年深みかも（一〇四二）

歌意は一〇四二が「年輪を重ねて来たであろう一本松、吹き抜ける音が清く聞こえるのはその年月が深く積もったゆえであろうか」、

春風の音にし出なばありさりて今ならずとも君がまにまに（七九〇）

七九〇が「〈そよ吹く春風のように〉世間に知られる噂になったならずっとそのままでいて今でなくてもよいのであなたの思いのままに訪れてくださいな」といったところでしょう。

やはり、カゼも古い言葉なのです。カゼは稲がイナ、船がフナ、酒がサカと母音交替するように、カザに交替することもあります。同じく『万葉集』から拾ってみると、

我がゆゑに妹《いも》嘆くらし風早《かざはや》の浦の沖辺《おきへ》に霧たなびけり（三六一五）

家思ふと心進むな風《かざ》まもりよくしていませ荒しその道（三八一）

歌意は三六一五が「風早の浦の沖辺に霧たなびいている。妻が私のことで嘆いているらしい」、三八一が「家路を急いでいけません。風をよく見て出発なさい。航路は荒れていますよ」といったところでしょうか。

やたら目に付く「八」の役割

例えば、『古事記』にイザナキ・イザナミの二神がオノゴロ島に降り立って、「天の御柱《みはしら》を見立て、八尋殿《やひろどの》を見立てたまひき」という「八尋」とは一体どんな大きさでしょう。「尋」は両手を左右に広げた長さですから、その八倍では高が知れています。この場合の「八尋殿」は、もっともっと大きくて広い立派な御殿という意味の命名ですから、「八」は実数とは別の役割が与えられた数字なのです。

「神代紀」で「八」の字がやたら出てくるくだりは、やはり八岐大蛇《やまたのをろち》の場面でしょう。悪さばかりを仕出かして天上界を追われたスサノヲは、出雲の国の簸《ひ》の川上に降臨します。そこで、悲しみ泣くクシイナダヒメ（奇稲田姫）とその父母の「老公《おきな》」と「老婆《おみな》」に邂逅します。訳を聞いてみると、老公はこう言います。「往時《さき》に吾《やつかれ》が児《こ》、八箇《やたり》の少女《をとめ》有りき。年毎に八岐大蛇の為に呑まれき。今此の少童《をとめ》、且臨被呑《のまれな》むとす。脱免《まぬか》るるに由無し。故《かれ》哀傷《いた》む」。八人のわが娘が八岐大蛇に呑まれ、クシイナダヒメもまたその悲運に遭おうとしているというわけです。スサノヲはその娘を自分にくれれば助けてやると、八岐大蛇対策の知恵を授けます。その対策とは、「八醞《やしほをり》の酒を醸《か》み、并《あは》せて仮庪《さずき》八間《やま》を作《ゆ》ひ……」」、酒を入れた槽《おけ》を置いて八岐大蛇に呑ませようという工夫です。「八醞」の「醞」とは、岩波文庫『日本書紀一』の注によると、醸す、また重ねて醸す意。「仮庪」は仮に作った棚の意で、それを八箇を作ります。サズキは後世サジキ（桟敷）に変化した言葉との由です。

果して、八岐大蛇は「八丘八谷《やをやたに》の間に蔓延《はひわた》」ってやって来て、用意した酒を呑み、酔っ払って寝てしまいます。そこをスサノヲがずたずたに斬ってしまいます。そして、その尾を裂くと、一本の剣が見つかります。これが後に日本武尊が賊に火をかけられてピンチになったときに、草を薙いで助かった草薙剣《くさなぎのつるぎ》だと、話を進めていきます。

かくて、クシイナダヒメと結婚したスサノヲは、出雲のスガという地に至って宮を建て、そのすがすがしい気持ちをこう歌詠みします。

や雲たつ出雲八重垣妻ごめに八重垣作るその八重垣ゑ

と。岩波文庫『日本書紀一』には「や雲」「八重垣」と書き分けられていますが、原文は「夜句茂」「夜覇餓岐（または枳）」なので、「や雲」は「八雲」と表記してもよさそうなところです。

このようにあちこちに「八」が出てきます。八岐大蛇は八箇の頭を持つ大蛇だから、それぞれの「八」を実数と捉えても違和感がありませんが、大体八岐大蛇の存在自体が〝この上なくでっかい〟〝異様な〟怪物の意ですから、そう律儀に捉えなくてもいいと思います。

「八」の大本は「二」にあり？

筆者の家内方の菩提寺は群馬県沼田市にあります。墓参の帰りに車の窓から「魚力」だったか、そんな名の看板のかかった店が目に留まりました。店の中央に果物や野菜が並べられていたからです。壁寄りのウインドーケースの中身は見えませんでしたが、恐らく「魚力」（？）という店なので、刺し身や魚、貝類などがあったのだろうと思います。近年の個人商店の営業環境は大型店に押されて、鮮魚店は鮮魚だけを扱っていれば事足りるというわけに行かなくなったのでしょう。思えば、気の毒なことでもあります。

「八百屋」は「一切ノ蔬物野菜ヲ売ル商家」（『大言海』）ということになっています。でも、むしろ魚介類を含めたあらゆる食材を売る店という風に変えた方が、名にふさわしいと思うのですが、いかがですか。

「八」のヤは、「弥」のヤと同根で、イヨイヨ（愈）のヨとも同根とされます。「八」をご先祖様たちはイヨイヨマスマスの意に感じて、これを聖数と考えていたことが読み取れます。ここで不思議に思うのは、「八」をなぜ「弥」と同根のヤという音（言葉のすがた）にしたのかということです。

　筆者は国語の母音交替に興味を持った際、数詞のヒトツとフタツ、ミッツとムッツ、ヨッツとヤッツは母音交替形だと何となくそう思いました。後に、荻生徂徠の『南留別志』に「ふたつはひとつの音の転ぜるなり。むつはみつの転ぜるなり。やつはよつの転ぜるなり」とあり、『倭訓栞』に「ふたつ」は「ひとつの転語也」、「むつ」は「みつの転語　三と三とを合せて六とす」、「やつ」は「四を重ねたる数なれハよつの転語にて弥津の義也」などと先人もその数詞の音《すがた》のありように、解釈を施しているのを、何となくうれしく思いました。『倭訓栞』は「やつ」についてさらにこうも記しています。「八十八百八千八萬などいへる凡《すべ》て物の倍加して尽ぬをいへる祝語也　されハ大八洲より八百萬の神に始り三種ノ神宝をも八咫鏡《やたのかがみ》八坂瓊《やさかに》八握劒《やつかのつるぎ》などいふめり皆是弥の義　二四の八にはあらす」と。

　しかし、**ヤ**がなぜ祝語なのか、弥と同音のすがたをしているのかは依然として雲の向こうでよく見えません。そんなとき、岩波文庫『日本書紀一』の補注にすごいことが書いてあるのを見つけました。

　世界のいろいろな民族にはそれぞれの聖数を持つものがあり、日本の場合「2（二揃い）を重んじ、これをマといって重視した（二つ揃わないものをカタという）」「日本語で4を表わすyö という単語は、同時に、数量の無限の増大を意味するイヨ（愈）と同じ語である。つまり日本文化においても、4が最大数だった時代があったと考えられる」との由で、例の母音交替による造語法で「4がyöとして最大数として確立した後、yaが母音交替形として登場し、8が『無限』『多数』を表わす極限数とされるに至ったものであろう」と記しています。4が最大数だからそのイヨイヨの義からイヨイヨの語ができ、その後4の倍数の8が母音交替によってできたので、ヤ（弥）というイヤマスの義を持つ語ができたと考えればなるほど合点です。

同補注には「基本数の中では2を最も多く含む数」は8で、「2に分けて更に2に分けた後に2が残るという、日本人の2の尊重にも合致する」ともあります。2こそが聖数の大本と考えると、国も日も月も、火も土も水も、さらには五穀も、ありとあらゆるものはイザナキとイザナミの一揃いである2が生んだのだという、日本神話の成り立ちの深部が何やら見えたような気がします。

いかに国際化が進んでも、＋と－の合体した2がすべてを生み出す根源である、そう考える日本人の文化的或いは民族的遺伝子ともいえる生き方、考え方のありようまで根本的に書き換える必要などないのではないかと筆者は考えてしまいます。

さて、2と4、3と6、4と8という倍数関係は母音交替によっていることは分かりましたが、それでは5、7、9、10についてはどう理解すればいいのでしょうか。荻生徂徠の前掲書は「いつゝなゝつは、いづれなにといふ事なり。こゝのつはこゝら、こゝだくのこゝなるべし」としています。9のココラ、ココダクはココダ（幾許）と同じく程度の甚だしい意味の言葉ですから何となく分かりますが、イツツ・ナナツの「いづれなに」はちょっと意味が取りにくいのではないでしょうか。『倭訓栞』は7つは「名成津なるへし」としていますが、これもよく意味がつかめません。

大野晋は『日本語について』で、5を「手」という単語で表す言語が世界に多いことを指摘、その倍数の10については奈良時代の古語に「トヲム、トヲヨル、トヲヲニなどという言葉があり、撓《たわ》み、まがることを言うのに用いられる。これらの語根はトヲ《töwo》である。これは10の《töwo》と同形である。これによると、日本語の10の語源は、両手の指を撓め終わることに基づいたものではないかと思われてくる」と推論しています。しかし、5については手の古形タとの関連を考えたいが、「確実なところになかなか達し得ないのである」と書いています。

『倭訓栞』はヒトツ、フタツからヤツ、ココノツまでみんなツが一つなのに、5がイツツとツが二つなのはトヲにツがないからというようなことを記していますが、5はもともとイの語形で「イツのツは、ミツ・ヨツにならったものであったが、ヒトツ・フタツなどにひかれて、さらにツが加わり、イツツの形になったものであろう」と『岩波古語辞典』は解説しています。

国語の数詞にはなかなか興味深いものがありますが、先学の士たちもまだその成り立ちについて決定的なことは突き止めてはいないようです。

いにしへとむかし、どっちが古い？

「いにしへ」という言葉は今日では「昔」とほぼ同義語みたいに認識されていますが、口語にはあまり用いられず、主に文章語に用いているように観察されます。二つの語に、どういう違いがあるのか、気になりませんか。

二語の用例としては、「神代紀」の一書に「古《いにしへ》に国稚《い》しく地《つち》稚しき時に、譬《たと》へば浮膏《うかべるあぶら》の猶《ごと》くして漂蕩《ただよ》へり」や、「嘗《むかし》、大己貴命《おほあなむちのみこと》、少彦名命《すくなびこなのみこと》に謂《かた》りて曰《のたま》はく……」などとあって、二語とも古くから用いられてきた語と分かります。

『万葉集』にも、よく知られている柿本人麻呂の、

近江《あふみ》の海夕波千鳥汝《な》が鳴けば心もしのに古《いにしへ》思ほゆ　（二六六）

楽浪《さざなみ》の志賀の大わだ淀むとも昔の人にまたも逢はめやも　（三一）

などの用例があります。歌意は二六六が「夕波の立つ近江の海、千鳥よ、お前が鳴けば心にしみじみといにしえのことが思い出されることよ」、三一が「〈すっかり荒れ果てた近江のかつての都をよぎったとき思ったのは〉楽浪の志賀の入り江が今は淀んでいても、その昔〈ここで

暮らした人に〉再び会うことができるだろうか」ということになります。後者の歌は、一本に「志賀の」が「比良の」とあるものがあり、また一本に「逢はめやも」は「逢はむと思へや」となっているとの注記があり、「逢はむと思へや」なら「会うだろうとも思えない」の意になります。「いにしへ」も「むかし」も共に、過ぎ去った時間の遠い彼方の意で、現代の感覚では二つの相違はよく見えません。

そこで、二つの語の成り立ちを調べてみると、イニシへはイニが「往《い》ぬ」の連用形、**シ**が過去回想の助動詞「き」の連体形、**ヘ**がユクヘ（行方）、マヘ（前、目・方の意）、シリヘ（後方、尻または後ろの方の意）などの〝ヘ〟と同じく、方面・方向・行く先の意を持つ語根です。動詞イヌ（往ぬ、去ぬ）はナ行変格活用動詞で、往な・ム、往に・タリ、往ぬ、往ぬる・トキ、往ぬれ・バ、往ねと活用することは、皆さん高校のころ勉強したのではないでしょうか。

ナ変動詞はこのほかには、「死ぬ」しかなく、「往ぬ」「死ぬ」の二つの動詞を眺めていると、どこかへ行ってしまって二度と目の前に現れることがないという共通する概念が読み取れます。

ところで、昔、古文の時間に習った完了の助動詞「ぬ」は、この「往ぬ」という動詞からできたそうです。だから、活用の仕方も「往ぬ」と全く一緒で、な・に・ぬ・ぬる・ぬれ・ね、という形になります。

イニシへの語尾の語根〝へ〟はハマベ（浜辺）、イソベ（磯辺）、カハベ（川辺）、ウミベ（海辺）、キシベ（岸辺）、ミチノベ（道の辺）などの語も形成しています。さらに、時間的に「おおむねそのころ」の意に用いてユフベ（夕）・ユウベ（昨夜、ヨベの延、ヨウベの転）などの語も造っています。

一方の、ムカシは『倭訓栞』に「向ひしの義なり　向字をさきにともよめる　意過にしかたをいふなり」（ムカヒシの義である。向の字をサキにとも読むことができる。意味は過ぎにし方のことをいうのである）とあります。そういえば「向坂」とかいてサキサカという姓の方もいるようです。

『大字典』に当たってみると、確かに「向」には、〝むく、むかう〟の本義のほかに〝さきに、むかし〟の義にも用いる字としています。ただし、〝さきに〟と訓じる漢字「往・郷・向・嚮」の弁別について「往は往日、行き過ぎしサキ也。郷は昔也。ムカフサキ也。郷日と書けば往日と同じ。向の字は郷と通ず。嚮も同じ。何《いずれ》も先きだつてサキ程といふ語也」としています。「先きだつて」にしろ「サキ程」にしろ、昔というにはごく近い過去の感がありますね。それにしても、「郷」の字を〝昔〟の意に使うことがあるとは意外ですね。もっとも、「昔」の字義は〝干し肉〟で、「昨」に通じるところから「むかし」の意に用いるそうです。

〝むかし〟と訓じる漢字「古・昔・曩・往」の弁別のうち「古・昔」については「古はイニシへ、昔はムカシにて古人、昔人共に用ひ、昔日といひ古日といはず。古画・古器・古物といへど昔画・昔器・昔物といはず。又上古・太古といふに対し、疇昔（前夜）等いふを見れば年月の古きは古、新しきは昔を用ふ」とあります。ついでに「曩・往」については「曩」は往時で、「只今より過ぎし時日をいふ。年月の甚だ久しきはいはず」、「往」は「久近に拘らず行き過ぎし月日のこと」と字釈しています。

こうしてみると、『倭訓栞』の「向字をさきにともよめる　意過にしかたをいふなり」は、どちらかというと、〝先ほど、さっき〟というほどの過去をいう場合であって、私たちが用いる「昔」とは語義に齟齬《そご》がある風に思うのですがいかがでしょう。

『古典基礎語辞典』は、「ムカはムク（向）と同根か。シはヒムガシ（東）・ニシ（西）・タタシ（縦し）のシと同じで、方向の意か」と推断して「振り返って、情景・事柄が思い浮かべられる自分とのつながりのある過去」と説明しています。

そういえば、「昔、鬼ごっこをして鬼役の子が泣き出したことがあったっけなあ」とか「亡くなった母と昔、セリ摘みに行った日のことがありありと思い出されます」などとムカシという言葉を使っても、「いにしえ、鬼ごっこをして鬼役の子が泣き出したことがあったっけなあ」とか「亡くなった母といにしえ、セリ摘みに行った日のことがありありと思い出されます」などとは絶対に言わないですね。イニシヘとムカシ、どっちが古い過去かといえば、やはりイニシヘの方に軍配が上がります。

神無月って神のいない月？

「神武即位前紀」の「其《そ》の年の冬十月の丁巳《ひのとみ》の朔辛酉《ついたちかのとのとりのひ》に、天皇《すめらみこと》、親《みづか》ら諸《もろもろ》の皇子《みこたち》・舟師《みふねいくさ》を帥《ひき》ゐて東《ひむがし》を征《う》ちたまふ」という東征の始まりのくだりで「冬十月」を「ふゆかむなづき」と訓じています。カンナヅキは「神無月」という書き方で、陰暦十月の異称として、今日でもよく知られています。

『万葉集』にも「かみなづき」の用例が幾つかあります。

十月《かみなづき》しぐれの雨に濡れつつか君が行くらむ宿か借るらむ（三二一三）

十月雨間《あまま》も置かず降りにせばいづれの里の宿か借らまし（三二一四）

などです。歌意は三二一三が「神無月の時雨に濡れつつあなたは旅を行くのでしょうか、それとも宿を借りているのでしょうか」、三二一四が「神無月の雨が止むことなく降り続けるのだとしたら、どこの里の宿を借りるのでしょうか」となりましょう。

「神無月」とはいかにもあり得なそうな表記ですが、『物類称呼』は神無月のことを「出雲国にてかみありづきといふ」とし、分注に「貝原翁いづもの国にても神在月とは称せすといへり然とも大社神領はみな神ありづきと称す」と記しています。

『倭訓栞』は「かみなつき」の項で、「神無月」の義とする出雲の国造家の説も併せ記述していますが、十月をいうのは「十は数の極なれハ数皆月の義といへと神嘗月の義なるへし　我邦の古へも西土にも神嘗祭は十月なりし事其證多し」（十は数の極みなので数皆月の意味であるというけれど神嘗月の義であろう。わが国の古代においても西方の国においても十月を神嘗祭の月としている証拠は多い）とし、やはり神嘗祭の月と解しています。

古来、この陰暦の月の異称については様々な人がその名の由来に関心を抱いてきたみたいです。荻生徂徠は『南留別志』で月の和名は十二支に関連した名付けと考えたようで、「十月を神無月といふ事、或は純陰の月といひ、或は神々の出雲に集り給ふといふ。皆心得がたき説なり。酉の月は五穀はじめて熟して、神にすゝむるなれば、神嘗月の略言なるべし」と述べています。酉は十二支の十番目に配されます。陰暦の月の名を十二支に配すると、四月の「卯月」と六月の「水無月」（巳の月、という解釈で）は都合がよいけれども、その他はその音のカタチと合致するものはなく、ちょっとこじつけかなとも思います。

そこへ行くと、『大言海』は農耕民族の農事と関連する見立てをしており、「神無ハ、当字ナリ、醸成月《カミナシヅキ》ノ義」とし「十月ハ、翌月ノ新嘗《ニヒナメ》ノ設ケニ、新酒ヲ醸ス月ノ義ナリ」と説明しています。

ちなみに、他の月の名にも当たってみましょう。まずは一月の「睦月」から。「実月《ムツキ》ノ義、稲ノ実ヲ、始メテ水ニ浸ス月ナリト云フ、十二箇月ノ名ハ、スベテ稲禾《とうか》生熟ノ次第ヲ逐ヒテ、名ヅケシナリ」、二月の「如月《きさらぎ》」については「萌揺月《キサユラギヅキ》ノ略ナラム（中略）草木ノ萌《キザ》シ出ヅル月ノ意」、三月の「弥生」は「いやおひノ約転、水ニ浸シタル稲ノ実ノ、イヨイヨ生ヒ延ブル意」、四月の「卯月」は「植月《ウツキ》ノ義、稲種ヲ植うる月」（なるほどなるほど）、五月のサツキは「早月トモ記ス、奥義抄、一『早苗月ノ略』」とし、「早苗ヲ植ウル月ノ義ナリ」、六月の「水無月」は「田水之月《タミノツキ》ノ略転、田ニ水ヲ湛フル月ノ意」、七月のフヅキ（文月）は「ふみづきノ略」としフミヅキは「稲ノ穂ノ含月《フフミヅキ》ノ義」、八月の「葉月」は「稲穂ノ発月《ハリヅキ》ノ意ト云フ」、九月の「長月」は「稲熟月《イナアガリ》ノ約カト云フ」とあります。

十月は上記の通りで、十一月の「霜月」は「食物月《ヲシモノ》ノ略、新嘗祭を初トシテ、民間ニテモ、新饗《ニヒアヘ》ス」、十二月の「師走」は「歳極《トシハツ》ノ略転カト云フ、或ハ、万事為果《シハ》つ月ノ意、又、農事終ハル意カ」と。なるほどなるほど……、すべて農事、それも稲とのかかわりをもって名付けられたとする解釈は見事なものです。

事のついでに付記いたしますと、漢字の「年」は「禾」の下に「千（音符）」を書いたのが本字で、〝五穀がよく熟する〟という意味の字で、五穀が実って収穫を得るまでに一年かかるので「とし」の意に用いるのだそうです。

新村出も『語源をさぐる』で、「日本の古代の暦月名は、大体において自然現象を土台にして展開している」として、一月を「睦月」と書くなどの例は当て字であって、それを社会現象として解釈するのはこじつけだと述べています。ただし、自然現象の解釈が『大言海』と少し違い、例えば「ムツキのムは生ムのムがその語源」「キサラギのキは生、サラギとは更生の意味で、イキサラギのイが落ちた」のだと解釈しています。カミナツキについては「神に新しい稲を捧げる月、神の月とする方が当るであろう」としています。カミナのナはマナコ（眼）のナと同じ連体格助詞だという解釈になりますね。このように稲と関連した語釈法でそれなりにうべなわれるところがあります。

「神代紀」の一書《あるふみ》にイザナミがカグツチを生んだがためにホト（陰処）を焼かれて死んでしまうくだりで「其《そ》の終《かむさ》りまさむとする間に、臥しながら土神埴山姫《つちのかみはにやまひめ》及び水神罔象女《みづのかみみつはのめ》を生む」と農耕にとって極めて大事な土と水の神を生み残します。そればかりか、カグツチがハニヤマヒメと結婚して産んだ子・ワクムスヒ（稚産霊）の「頭《かしら》の上に、蚕と桑と生《な》れり。臍《ほそ》の中に五穀《いつくさのたなつもの》生れり」とあるのを見ても、或いは別の一書に「天神《あまつかみ》、伊弉諾尊《いざなきのみこと》・伊弉冉尊《いざなみのみこと》に謂《かた》りて曰《のたま》はく、『豊葦原《とよあしはら》の千五百秋《ちいほあき》の瑞穂《みつほ》の地《くに》有り。汝《いまし》往《ゆ》きて脩《しら》すべし』とのたまひて、廼《すなは》ち天瓊矛《あまのぬほこ》を賜ふ」と予言したくだりを見ても、また「崇神紀」に「農《なりはひ》は天下《あめのした》の大きなる本《もと》なり」とあるのを見て、日本のその大本は農を以ってなる国であること、従って国語にも農にまつわる語がたくさんあることに改めて思いを致したいと思うのです。

穂は穂でもただものではない

前項に「瑞穂」という言葉が出て来たので、今度は国語の「穂」について考えてみたいと思います。

まず「瑞穂」とはどういう成り立ちの語かというと、**ミツ**は**ミイツ**（御稜威）の縮約で、ミは美称、**イツ**は神や天皇の持つ超絶的な威力、威光の意で、この**イツ**から「いとをかし」などと用いる副詞の「いと」や、形容詞「著し」という語もできました。**イチジルシ**は**イチ・シルシ**に分解でき、**イチ**は**イツ**の母音交替、**シルシ**は他との分別がはっきりしていてよく認識できるさまをいいます。この**シルシ**という形容詞から、そのようなものという意味を表す名詞の「印、標」という言葉もできました。「穂」は稲穂の穂で、「瑞穂」で凄い（生産の）威力を持った稲という意となりましょう。

「穂」の**ホ**は、**イハ・ホ**（巌、岩穂の意）、**ホノ・ホ**（炎、火の穂）などの、（人間が生きてゆくのに欠かせない作物である稲穂の如く）その威力の外に現れた、目立ったものの意に語義を拡張し、他の言葉を造る素材ともなっています。『大言海』は、塩の語源を「白穂ノ略カト云フ」としていて、もしそうだとしたら、生命維持に欠かせない物凄い威力を持った白い物質という語の成り立ちとなりましょうか。

さて、その「穂」ですが、「神代紀」を見ると、さまざまな神の名に用いられています。根の国に行けと言われたスサノヲが高天原にやってきたのを姉のアマテラスオホミカミが自分の国を奪おうとしているのかと疑うのですが、「自分はそんな汚い心を持っていない」と言い、それを証明するために姉との間で「誓約《うけひ》」をすることになります。「もし自分の生む子が女だったら、汚い心があると思ってください」と。まず、アマテラスオホミカミがスサノヲの十握剣《とつかのつるぎ》をカリカリと噛んで息を吹き出すと、三人の姫が生まれます。スサノヲがアマテラスオホミカミの玉をつないで輪にした飾りの御統《みすまる》をカリカリ噛んで息を吹き出すと五柱の男の神が生まれます。スサノヲがウケヒに勝つわけですね。

五神の長男がマサカアカツカチハヤヒアマノオシホミミノミコト（正哉吾勝勝速日天忍穂耳尊）、二男がアマノホヒノミコト（天穂日命）という名なのです。

岩波文庫『日本書紀一』の注をもとに、二神の名の意味を調べてみましょう。まず長男ですが、マサカアカツカチハヤヒは〝まさに今ここに自分が勝って、しかも物凄い速さで勝った神威のある霊格である〟という意味になります。アマノは天神の意で、オシホのオシは〝押し〟で力を以て推し進む威力あるという修飾語、ホは穂です。紀の二つの一書ではアマノオシホネノミコトとあるのですが、「天忍穂耳」の耳を二と読んでそれがネに転訛したもののことで、アマノオシホミミと同一神と見ています。二男のアマノホヒノミコトのホも穂で、ヒはタカミムスヒ、カムミムスヒなどのヒと同じく霊威、霊格を表します。長男のミコトは尊で、二男のミコトは命なので、長男の方に重きが置かれています。

瑞穂の国を探しに、「神代紀」は後に天孫降臨のくだりを迎えることになりますが、その役目をするアマツヒコヒコホノニニギノミコト（天津彦彦火瓊瓊杵尊）は天照大神の子であるマサカアカツカチハヤヒアマノオシホミミノミコトの子、すなわち天照大神の孫です。彼を葦原中国の主にしようとしますが、「彼《そ》の地《くに》に、多《さは》に蛍火の光《かかや》く神、及び蠅声《さばへな》す邪《あ》しき神有り。復《また》草木咸《ことごとく》に能《よ》く言語《ものいふこと》有り」という得体の知れぬ状態だったため、タカミムスヒノミコトはそれを平定するために誰かを遣わそうと神々と相談し、アマノホヒノミコトを遣わすことになります。

彼は既に彼の地を支配していたオオアナムチノカミ（大己貴命）に「佞《おもね》り媚びて」三年経っても報告することがありませんでした。

そこで、タカミムスヒノミコトはいろいろ苦心し、オホアナムチノカミに国譲りを納得させた後、改めてアマツヒコヒコホノニニギノミコト（天津彦彦火瓊瓊杵尊）を降臨させることになります。「天八重雲《あめのやへたなぐも》を排分《おしわ》けて、稜威《いつ》の道別《ちわき》に道別きて、日向《ひむか》の襲《そ》の高千穂峯《たかちほのたけ》に天降《あまくだ》り」するのです。このとき、一書によれば、天照大神が「吾が高天原に所御《きこしめ》す斎庭《ゆにわ》の穂《いなのほ》を以て、亦吾が児《みこ》に御《まか》せまつるべし」と勅《みことのり》した斎庭の稲穂を携行したことが読み取れます。

アマツヒコヒコホノニニギノミコトという長々とした神名について、岩波文庫『日本書紀一』の補注は「アマツヒコは天神であることを示す。ヒコは立派な男子の意。ホノニニギのホは穂。ニギはニギニギの意。ニギはニギヤカ、ニギハフのニギ。稲穂が賑やかに実る意」と解説しています。

こうしてみると、天孫の葦原中国支配は、神武東征以来もちろんまつろわぬ者を懲らしめるために武力を行使したわけですが、ただ武力支配だけでなく農業の伝播というもう一つの重要な側面があったと見ることができるのではないか、それが今の日本をつくり上げる大本となったのではないか、と考えるのです。「穂」の役割の大きさを感じるところです。

令和の御代替わりに当たって、新天皇即位後最初の新嘗祭となる大嘗祭が令和元年十一月十四日夕から十五日未明まで、皇居・東御苑で厳かに執り行われたことは、国民にとって記憶に新しいところです。この儀礼もまた稲にかかわりが深く、東御苑内に設置された大嘗宮《だいじょうきゅう》にしつらえられた悠紀殿《ゆきでん》と主基殿《すきでん》には、まず悠紀殿に今回選ばれた栃木・高根沢町産の新穀や、それで造られた白酒《しろき》・黒酒《くろき》などが供えられ、主基殿には京都・南丹市産の新穀などが供えられました。新天皇は五穀豊穣に感謝して、国家と国民の安寧を祈って、自らも食されました。

Ⅱ

漢字の知恵に学ぶ

祖

ご先祖様は神様だ

国語表記の基本は漢字仮名交じりです。文字を持たなかった私たちの祖先が、当時の先進文明から漢字を取り入れたとき、中国の漢字語彙だけを輸入していたら、それは今日の主として欧米由来の外来語と同じですから、私たちの国語はこんなにも高度で複雑な思考を書き表せるほど磨かれることはなかったでしょう。

私たちの祖先は、漢字のわが国読み（訓）を発明しました。これによって、中国語にはない動詞や形容詞などの活用語尾を仮名で書き表すことができるようになりました。

こういうことを考えると、漢字が重要で仮名は重要ではないとは決して言えません。漢字と仮名とはその役割が違うのです。しかし、それとは別に、文字の性格が全く違うことを知らなくてはなりません。今は、地球上で現に使われて文字、例えば仮名のほかアルファベット、ギリシャ文字、キリル文字、ハングルなど、すべては表音文字なのです。つまり声を表す文字です。

一方、漢字は字音だけでなく、唯一の意味を表す文字なのです。例えば「はし」と書いたのでは「橋」なのか「箸」なのか「端」なのか区別がつきませんが、漢字で書けば意味が分かるのです。しかも、漢字の字形には、その意味の出どころを伝えるメッセージが備わっていることが多いのです。

例えば「且」という字があります。「かつ」と読ませ、「その上に重ねて」というのが、この漢字の意味です。それは「且」が平面上に物を積み重ねた形をかたどった象形文字と知れば、意味の出どころについてなるほどと合点の行く人が少なくないと思います。

それでは「且」の部品を用いた「租」とはどんな意味の文字でしょうか。「租」とは租税の租です。昔は現物で税金を納めていました。つまり、稲（禾）を地面に積み重ねた形をしているのが「租」なのです。「粗」は「粗い」という意味の漢字です。これは収穫した稲をもみ殻の付いたまま収蔵した成り立ちの字形をしています。精米前なので〈粗い〉という意味に使われるようになったのです。では、「祖」はどうでしょうか。この字の「ネ（示）」は、神様やお祭りに関することを表す文字に使われます。祖とは、つまり、祖先という神々が積み重なっていることを示しているのです。私たちの命は、父母、その父母、そのまた父母などからリレーされてきたものなのです。そうしたご先祖様のお蔭で今の自分がこの世にあるわけです。

近年、個人を大切にすることを強調して、その結果、家族を否定する風潮が広がっています。こうした中、ご先祖様のお蔭を思い、ご先祖様を尊んで止まない気持ちはいつまでも大切にしたいものです。

母

母が教える女性の天職

漢字の字形の成り立ちには、六つの方法があります。これを六書《りくしょ》といいます。一に象形、二に指事、三に会意、四に形声、そして五、六が転注、仮借《かしゃ》です。このうち、一から四までで漢字全体の大部分を占めるといわれています。ですから、一般知識としては一から四まで知っていれば、十分に役立つでしょう。

象形は、山や木、象や亀（龜）のように、そのものの形をかたどった漢字をいい、実物を容易にイメージできるので、それが何という字なのか、幼児でも分かるのです。

指事は、物と違って形のない概念を図形化した漢字です。例えば、上、下などはこの類です。上は、或る基準線の上に横棒を書いて、上の概念を示しました。それが縦棒に変わり、それに点を加えて、上の字形になりました。下はその逆です。

会意は、日に月を加えて明をあかるいという意味の字にしたり、木を二つ並べて林、三つ重ねて森にしたりする造りの漢字です。**形声**は、文字数にして最も多い造字法で、例えば「花」は意味を表す「艹（クサ）」と字音を表す「化（カ）」を合わせてできています。「銅」は金属を表す「金」と、字音を表す「同（ドウ）」でできています。

さて、それでは「母」という字は、これらの造字法のうち、どれに該当するでしょうか。ちょっと見ただけでは分かりにくいかもしれません。しかし、この字の中央部の横棒の上部右のフの部分を消してみると、何が現れるでしょう？　そうです、女です。女は女性のしなやかな肉体の姿をかたどった象形文字です。それに二つの乳房（、、）を付けたのが母という字で、これも象形文字の一つなのです。

「育」という字があります。そだてる、はぐくむなどと訓じます。この字の上部は「子」を逆さにした形で、生まれ落ちるみどりごを示しています。下の月は、にくづき、つまり体に関係する言葉に使われます。この場合「月」は乳の意です。生まれた子に乳を与えるのが「そだてる、はぐくむ」ということの根本の意味なのです。

子を育てるという営みは、乳房を持つ女性の天命の仕事（天職）だということを、漢字が教えてくれています。子は女性にしか産めないのです。それが天命の仕事ということです。そして、出産、子育てなくしては、命は次代へと決してつながっていかないのです。こう考えると、母親が働きやすいように保育施設をもっと造れという声が、母親が手ずから子を育てる人々をもっと支援せよという声を、ともすれば押しつぶしてしまいそうな現在の福祉施策のありようは、甚だ疑問と言わざるを得ないと、筆者などはそう思ってしまいます。

心　精神活動の心臓

漢字には偏《へん》、冠《かんむり》、繞《にょう》などといった部首というものがあります。例えば、木偏の字は、松・梅・桜、板・枝・机のように木の名前や木に関係するものの名の集まりです。雨冠は、雲・雪・霧・靄《もや》のように気象に関する言葉の集まりです。

知というものは断片的であっては記憶に不経済であるばかりでなく、物を考える際にも分析的に深めてゆくことができません。或る知と或る知とのかかわりが頭の中に整理されていてこそ、生き生きと活用することができるのです。

「りっしんべん」という部首があります。①悲・怒・恋、②恨・慌・忙、③恭・慕・忝のように三つの字形が含まれます。②を〈りっしんべん〉、③を〈したごころ〉と区別することもありますが、②、③は①の「心」の変形です。これらはすべて知・情・意の精神活動、心の働きを表す文字です。

文字がそういう括り方で造られているので、文字が表す言葉も、そういう括り方で初めから整理されているわけです。悲も怒も恋もそれぞれがばらばらに存在する文字・言葉なのではなく、互いに「心の働き」であるということで括ることができるのです。ですから、それらはみな「心の別の働き方」を表した字であると自然に理解できるのです。漢字が学習効果を上げるのに優れた機能を持っていることが、このことからも明らかです。

ところで、これらの字類を束ねる「心」という字の字形は、一体どんな成り立ちなのでしょうか。それは、心臓という臓器をかたどった象形文字なのです。今日、脳科学の発達で、知・情・意をつかさどるのは心臓ではなく脳であることが分かってきています。しかし、私たちは特に情の働きについては、「心を痛める」「心が弾む」「心を揺さぶる」のように、胸（心）で感じていることを経験的に理解しています。感情によって心が伸び縮みするさまは、まるで体の隅々に血液を循環させる心臓の伸び縮みするさまそのものです。私たちの命は、心臓の伸び縮みの活動によって支えられているのです。

近年、「無縁社会」などという嫌な言葉がマスコミで目に付きだしました。他人の干渉を嫌って、個々ばらばらに生きることを好む現代人の気質を表したものです。しかし、刻々の心拍が肉体的な生命活動の証しなら、心もまた刻々と精神活動を映してこそ生きていることの証しなのではないでしょうか。無縁社会とは外界に対して無反応な、精神活動を停止した人たちの断片集合にほかなりません。私たちはいつも、他人の喜びを我が喜びとし、他人の悲しみを我が悲しみとできる、そんな心の感度のよさを保っていけるよう心がけたいものです。

水

思い返そう、その大切さを

「水」は、水の流れをかたどった字です。字の中心の「亅」の両脇の形は、水流のはねるさまを写しています。水は誰でもどんなものかを知っているのに、それを言葉で説明しようとすると、なかなか簡単には行きません。水素と酸素の化合物で、沸点が何度で、摂氏零度以下で氷になり、などと説明しだすと、ややこしくなるばかりです。「水は方円の器に随《したが》う」という格言の通り、四角（方）い器に入れれば四角くなり、丸い（円）器に入れれば丸くなり、定まった形というものがありません。しかし、漢字はその字形を流水としてとらえ、かたどりました。漢字をこしらえた人の知恵を感じます。

水によく似た字に「永」があります。訓は「ながい」です。字の上部の「丶」と「亅」の頭部がカギ状になっているのは、川の支流が本流に注ぐ所を写したもので、支流を持つようなながい水の流れということから、「ながい」の意に用いられています。

水といえば、日本人ならすぐ「行く河の流れは絶えずして、しかも、もとの水にあらず。よどみに浮ぶうたかたは、かつ消え、かつ結びて、久しくとどまりたる例《ためし》なし」という『方丈記』

の名文を思い浮かべるでしょう。論語にも、孔子が川のほとりで行く川の流れを見て「逝く者はかくの如きか。昼夜をおかず」と嘆息する名句があります。行きて帰らざるものを人生になぞらえるのは東洋人の心性といえるのかもしれません。

人生は儚《はかな》いものではありますが、はて、行く川の水は本当に行ったきりなのでしょうか。それでは、いくら水資源が豊かな国でも、たちまち砂漠となってしまいましょう。

よく考えてみると、川の水は海に注ぎ、潮流に乗って遠く熱帯地方に運ばれ、水蒸気となり雲となり、やがて台風となって日本に押し寄せ、大量の雨を降らせます。水はこのように、地球規模で大きく循環しているのです。

そうだ、だから日本は水の心配はない——そう思ったとしたら、大間違いです。本当は日本の国民一人当たりの水資源の保有量は、世界平均の6分の1程度に過ぎないのです。日本の国土は弧状に細長く、山岳地帯から海までの距離が短く、大雨もそれこそあっという間に海に流れ出て、それをうまく蓄えることができないのです。外資による森林買収は北海道や神戸市、山形県などの例が分かっており、日本人の水資源に対する無防備ぶりが大変憂慮されます。

水は生物にとって生命の維持に不可欠な資源ですから、惜しんでも惜しみ足りない存在なのです。私たちは、普段、水があまりにも当たり前の存在で、ついそのありがたさを忘れてしまいがちですが、惜しんで感謝する心を片時も忘れてはいけないと思います。

世

世代とは命の循環

広島県の西部に廿日市《はつかいち》という市があります。平成の市町村合併で、日本三景の一つ、厳島《いつくしま》も同市の一部になりました。市名に含まれる「はつか」とは、二十日の意で、廿日は二十日のもう一つの表記ということになります。「廿」は「十」を二つ横に並べて合体した字形をしており、意味も二十なので、これは俗に筆記の便に従って書かれた、いわゆる俗字（通俗の字体）であろうと考える人もいるかもしれません。しかし「廿」はジュウ、ニュウという字音を持つ立派な漢字なのです。

では、「十」を三つ並べた「卅」という漢字もあるのでしょうか。これがちゃんとあるのです。『角川大字源』に、「世」の古字（古い字形）とあります。「世」と同じ字なので、字音はセ・セイです。古書『説文解字《せつもんかいじ》』に「三十年を一世と為《な》す」という記述があり、「世」という字と「三十」とは密接な関係にあることが分かります。

唐詩選に劉廷芝《りゅうていし》の「白頭を悲しむ翁に代わりて」という七言古詩があります。「洛陽《らくよう》城東桃李の花、飛び来り飛び去って誰《た》が家にか落つ」で始まるこの詩の中の「年年歳歳花相似たり、歳歳年年人同じからず」はとりわけよく知られています。毎年（春になれば）花が咲き、（その風景は）よく似ているが、毎年人は（或いは老い、或いは死ぬので）同一ではないというものです。朝《あした》に紅顔の少年も夕べに白骨となり、若く美しい女性の容貌も年とともに衰えてゆくという、この世の無常、生の儚《はかな》さを嘆いた名句です。

ところが、石井勲という教育学者が、命の営みをそのようにとらえるのは誤りだと喝破しました。人生を時間軸の中で見つめるとき、それを個人という単位ではなくて家という定点で見つめれば、「年年歳歳花相似たり、歳歳年年人亦《また》同じ」とでもした方がよかったというのです。石井勲は自ら教壇に立った教育実践から幼年の頃こそ漢字教育の最適期であると見抜き、石井式漢字教育を創出した人物です。現在もなお、石井式によって幼児教育を行っている幼稚園や保育園が全国にたくさんあります。なるほど、石井勲のいうように、家を定点とすれば、家庭の中心で采配を振っている父は三十年後には祖父となります。そして、子は父となり、孫は子となります。「世代」とは、実に三十年ごとに「世」が「代」わるということを表しているのです。

家はそのようにして、歳歳年年変わることなく循環しながら命の営みを続けて行くのです。今日の日本の社会構造は無理やり西洋型の個人中心に変造されつつありますが、人の世で営まれる命もまた、水のように循環するものとしてとらえることが、日本人の思考様式に合致していると、筆者は考えています。

絆

絆とは思いやりの綱

幕末を生きた清貧な国学者で歌人の橘曙覧《たちばなのあけみ》に、次のような歌があります。

たのしみは妻子《めこ》むつまじくうちつどひ　頭《かしら》ならべて物をくふ時

たのしみはまれに魚烹《うおに》て児等《こら》皆が　うましうましといひて食ふ時

これを読み、いつも思うのは、家庭生活というものは、家長が家族を思いやり、家族が家長を信頼し、貧しくとも仲よく、肩肘張らずに自然体で生きてゆくことなのだということです。

かつて日本には、このような家庭は珍しくありませんでした。しかし、日本が戦争に負けて、占領政策が布《し》かれたころから、軍国主義解体の名の下に、こうした家族間の絆をもとにした家庭像も否定され、やたら個人に重きを置く欧米型価値観が称揚されてきました。彼らの奉じる個人主義は、言語も、文化も、宗教も欧米とは異なる日本では、往々利己主義に流れ、社会全体を個々ばらばらな相互に思いやりを忘れた冷たいものに変質させます。

ところが、東日本大震災の後、多くの日本人がどん底から立ち上がろうとする被災者の様子から、人は一人では生きられない――その当たり前のことに気付かされ、「家族の絆」ということが自然発生的に見直される機運が生じてきたように見受けられるのは、まことに頼もしいことです。

そんな喜ばしい「絆」意識の復活ではありますが、新聞やテレビで「親子の深い絆」とか「地域社会の絆を深めて行きたい」とか、「絆」という語の意味を取り違えた表現の仕方がまかり通っているのは何とも残念なことです。「絆」とは、くびづな（頸綱）からの変化であり、犬や牛、馬などを繋ぎとめるための綱というのが本義です。綱ですから、「太い」「太くする」というならともかく「深い」「深める」という言葉と結びつけるのは不適切です。

なぜ、こんな用法が行われだしたのか。戦後国語政策の一つ「現代仮名遣い」で、絆は「きづな」ではなく「きずな」と書くこととされ、絆の綱という意識をかき消してしまったことが一つ挙げられます。また、「絆」という漢字を排除した漢字制限政策にもその一因がありました。漢字の「絆」は意味を表す符号である糸（この場合、綱の意）を偏とし、音を表す符号の半（ハン、バン）を合わせた形声文字です。日々の文字生活の中で、漢字を使っていたら、絆＝綱の意識が保存されたはずです。

何事も自己本位の企図をする時は、多く罪悪に陥り易いものであるとの先人の遺誡《いかい》もあります。自己本位を戒め、家族間の思いやりという綱、すなわち家族の絆をもう一度振り返ってみることが大切なことです。

本、末

末の栄えは報恩が本

「本」は字音ホン、訓は〔もと〕、「末」は字音マツ・バツ、訓は〔すえ〕で、二つは対をなす漢字です。「本・末」は、異説もありますが、「木」に「一」の印を加えて字義を示した指事文字と考えられます。指事文字とは「上・下」のように抽象的概念を分かりやすく図式化して表した文字のことです。「本」とは字形の通り木の下の方すなわち〔根もと〕というのが本義で、「末」はこれに対し、木の上の方すなわち梢《こずえ》の意です。

「本」はその本義から、「足もと」のように、立っているものの地面に近い場所、「国もと」のように元来本拠とする場所、「火のもと」のようにその出どころ・原因、「味のもと」のようにそれを生じさせる原料、「法のもと」のように支配下、さらには「もと首相」のように過去・昔の意などと多くの語義が派生し、国語の基幹語の一つとして便利に用いられております。〔もと〕と訓じる漢字には、本のほか、下、元、許、基、素などがあり、足もとは足元・足許、国もとは国許・国元、火のもとは火の元、味のもとは味の素、法のもとは法の下、もと首相は元首相と書くのが一般的です。

果実は木の枝の末の方になりますが、よい果実を得るには根（本）がしっかりと養分や水分を吸い上げなければなりません。しかし、私たちはともすればこれを忘れて、「金持ちになりたい」「病気を治したい」「恋を成就させたい」などと、これから先のこと、樹木でいえば上の方ばかり見てしまいがちなものです。本を顧みず、末ばかり見てエネルギーを費やすこと、すなわち本（肝心なこと）と末（瑣末《さまつ》なこと）とを取り違えること、これを本末転倒というのです。私たちは意図せずに、しばしば本末転倒の対処をして失敗したり苦しんだりすることがあるので気をつけたいものです。

さて、そうはいうものの、逆に私たちは本が大事だからと、末を見ず本ばかり見ていればいいのでしょうか。本は根源であるが故に人の意志によって自由に変えることができません。そこで、例えば「この世は諸行無常だから、今さら悪あがきしてもどうにかなるものではない」などと、妙な悟り方をして人為の努力を放棄してしまえば、いくら本を見てその道理を知ったとしても、それは木の根をほじくり出して「それ見よ、木の根はこんなものだ」というのに等しく、その木は花も実も付けられないばかりか、ついには枯死してしまうに違いありません。

本を見るとは、単に道理を極めることではなく、まずもって、わが身の拠って来る根源である本に感謝し、水をやり肥を施し、雑草をむしって、その恩に報いることをいうのです。末の栄えは本（祖先）への報恩によって約束されると考えますが、いかがでしょう。

私、公、和

公私の関係と和の道徳

国語の「おおやけ」と「わたくし」は対になる言葉ですが、語源的には何のつながりもありません。「おおやけ」は「大宅」すなわち〔大きな家〕というのが原義で、古くは天皇家、朝廷・政府の意に用い、転じて、個人的でないこと、つまり「私」の対語となったものです。今日では、国家、社会、世間、表向きなどといった意味にも使われています。「わたくし」の語源はよく分かっていません。「わたくし」という音の並びと「おおやけ」のそれとには何の共通点もないので、別々に成立し、後に相互に対概念を含むに至ったのであろうと思われます。

一方、漢字の「公」と「私」には字形の中に共通した部品「ム」があるように、対になる語との意識の下で成立した文字ということができます。共通部品の「ム」は囗または○が変化した形で〔囲む〕という意味があります。

「私」の「禾」はイネのことで、そのイネを「これは自分のものだよ」と囲い込んで字義を表したのです。「待てよ、そういう字義ならもっとふさわしい形の《和》という漢字があるじゃないか」。そう考える人もいるかもしれません。もっともな疑問ですが、「和」のつくりは実は国構えの囗ではなくて口《くち》なのです。字典でも口へんに属し、口と禾が左右逆に入れ替わった「咊」が本字とされます。しかも、この字の禾はイネではなくカの字音を表す音符であり、同音の「加」に通じるとされています。口から声が出て、その声に別の声が重なり、調子を合わせるという意のつくりなのです。唱和するという字義による字形ですから、争わず、競わず、つまりやわらぐ、なごやかの意に用いられるようになったわけです。

日本はやまとの国です。やまとは「大和」とも書きます。聖徳太子の「十七条の憲法」に「和を以て貴しと為し」とあるように、「和」の心は日本人の基本道徳です。

さて、以上のように「和」は「私」や「公」とは別系統の漢字であるとご理解いただいたところで、「公」の字形について、次にご説明します。

「公」の字形の上部は数字の「八」です。「八」は左右の縦の棒が互いに反り返っています。下部の「ム」は口で囲い込む意ですから、それを開いて、出入りを自由にするという意味の字形になっているのです。「私」と対になる概念を表していることがご理解いただけたと思います。

近年、個人の権利ばかりが強調され、その反動として「公」のことが軽く見られる風潮が強まり、子供でも善悪がはっきりと分かることすら守れない、守らないという公共道徳の衰亡が目立ち始めました。私たちは「公」と「私」の漢字を見比べながら、両者への関わり方についてもういっぺん整理し直してみるべき時が来ているのではないでしょうか。

青
人生光あれば陰あり

「青」は元「靑」と、下部の「月」が「円」でした。これは〔エン・まるい〕の円ではなく、地中から出る鉱物・丹の変形です。丹は〔タン・に・あか〕の音訓を持ちますが、白川静の『字統』によれば、丹には白丹、青丹など各種があり、石間から生ずるものをすべて丹と称しました。青丹から採取する青色の染料（丹青）は丹朱同様、変色せず、防腐力があるため、古くから神明のことに用いられたそうです。

青い色は植物の藍の葉からも得られます。藍瓶《あいがめ》に浸《つ》ければ浸けるほど色が濃くなり、わが国ではそれを浅葱《あさぎ》、縹《はなだ》、藍、紺の名で識別しています。青はこの藍系統の色だけでなく、青緑、基本的な絵の具の青の色、青紫まで幅広い色を指していいます。

青は、昔の仮名遣いでは〔あを〕でした。ワ行の音ですからウォのように発音され、ア行の〔お（オの音）〕とは区別されていました。藍は〔あゐ〕でやはりワ行のウィの音でした。ローマ字にすると、青はawo、藍はawiで違うところはoとiの母音のところだけです。このような現象を母音交替ということは既に書いてきた通りです。青と藍とはまさにその母音交替の関係にあり、二つは語源を一つにする兄弟のような言葉なのです。

「青は藍より出《い》でて藍より青し」ということわざがあります。これを「出藍《しゅつらん》の誉れ」ということもあります。弟子が師を抜いて優れた存在になることをいいます。今日の感覚では、青は藍より青の度合いが淡く薄いように感じられちょっと戸惑わされますが、もと藍は色の名ではなく染料となる植物の名と知れば、合点が行くかもしれません。

さて、青を部品に取る漢字には、清・晴・静・靖・精・情・請などが、よく知られています。それぞれの「青」という部品が必ずしも同一の意味を持つわけではありませんが、清《きよらか》・晴《はれる》・静《しずか》・靖《やすらか》などは特に、青い色と重ね合わせて思いを巡らすと漢字の持つ意味にそれぞれ奥行きが感じられると思うのですがいかがでしょう。

もっとも、錆（セイ・さび）や猜（サイ・うたがう・そねむ）のようにあまり印象のよくない漢字もあります。漢字の面白さは、青の部品を有する字はみな青の性情を持つとは行かないところで、どこか人生に似ています。どんな人生にも、正あれば負あり、光あれば陰あり、単純でどちらか一つというものはありません。情模様《こころ》とは、そんな入り組んだ心のありようをいうのです。

だからこそ、私たちは負が正に勝らないよう、陰が光に勝らないよう、日々心して自らを戒めつつ生きて行くことが大切なのです。

温、暖、寒、冷

故きに思いを致す時

中国・宋代の詩人・陸游《りくゆう》に「夜《や》夜《や》　薪《たきぎ》を燃やして　絮衾《じょきん》よりも暖かなり／禺中《ぐちゅう》の一飯　千金に直《あたい》す」という詩句があります。夜々、薪を燃やせば、綿入れの布団より暖かい。昼ごろに戴く一杯の飯の値打ちは千金にも例えられる、というのが大意です。寒さの厳しい季節に、こんな詩を読むと、ほこほこと身も心も温まる思いがします。

さて、寒・冷の二字には或る共通点があります。戦後国語政策の一つ、当用漢字字体表で字体を筆記体に近づけるという字体いじりをしたため、字形からは見えにくくなりましたが、寒の下部の二つの点は元「冫」の形をしていました。「冫」を部首に持つ漢字は総じて〔氷、凍る、冷たい、寒い〕という基本的な意味を持ちます。冬は寒く冷たい季節ですから、「冬」にはやはり字形に「冫」があります。常用漢字の字体は「寒」と同じく下部の点の向きが「冫」と少し違っていますが、元の字形は「冫」だったのです。

一方、対語の〔あたたかい・あつい〕は一般的には「暖・温」「暑・熱」と書きます。「寒・冷」と違って、部首はいろいろです。「暖」と「暑」は日へん、「温」はさんずい（水）、「熱」はれっか〔灬、火の変形〕に属します。同じ〔あたたかい〕でも「暖」は日ざしのあたたかさを、「温」は元、川の名であったものを「熅《ウン》〔埋火《うずみび》、あたたかい意〕」に通ずることから、借りて〔あたたかい〕の意に用いたもので、温情・温顔・温和などのように〔暑すぎず冷たすぎずちょうどよい温度、穏やか、和らぐ、適度〕などの意に広く用います。新聞などでは「暖」は「寒」の対語として、また主として気象・気温に、「温」は「冷」の対語として用いるほか、もう少し広く一般用語としても用います。〔あつい〕の「暑」は元来、太陽の日ざしのあつさ、「熱」は火で物を焼くあつさを表す字で、暑い夏、暑苦しい夜、また熱い湯、熱い仲のように使い分けられます。

　ところで、「温」には〔たずねる〕という特殊な訓があります。論語に「故《ふる》きを温《たず》ねて新しきを知る。以《もっ》て師と為《な》るべし」〔以前に習い覚えたことを復習しながら新知識を勉強すれば、人の師となることができよう〕とある「温」を「たずねて」と訓じたものです。もっとも、最近ではこれを肉をとろ火で煮て汁にするという比喩に解して「故きを温《あたた》め」と訓ずる学者もいますが、大意はさほど変わりません。

　いずれにしても、なかなか含蓄のある言葉で、工業のイノベーション〔技術革新〕も、古い知識の下敷きがあって、初めて創出されるものです。冬は植物の生命が種子の内に保存されるように、万物のこもる季節です。一夜、暖かい部屋に静座して、故きに思いを致すのも一興というものでありましょう。

影、陰、蔭

精神風土映す御蔭様

国語の〔かげ〕を表す漢字は、「影（エイ）・陰（イン・オン）・蔭（イン）」がよく知られています。「影」は〔かざり、あや〕の意を表す「彡」と、音を表す「景」の二つの部品からできています。「景」はやはり国語の〔かげ〕を表す漢字で、意符の「日」と音符の「京（ケイ）」とで成り立ちます。「京」の字音・ケイは、〔明るい光〕の意の「炯（ケイ）」の字に通じ、「景」は二つを合わせて〔太陽の明るい光〕という意味を持っています。「影」は、この「景」の後からできた漢字で、後世、「影」と「景」は微妙に使い分けられていますが、元は同じ意味の〔かげ〕を表す漢字だったのです。

国語の〔かげ〕というと、とかく〔光の当たらないところ〕というふうに考えがちですが、月影・火影《ほかげ》の〔かげ〕は月や灯火の明るい光を表す言葉です。〔ひかげ〕も「日影」と書けば、日の光の意味になります。

「影」はまた、影法師のように、人に光が当たったときに、その反対側にできるその人の輪郭をかたどった黒い形をいいます。光を背後から当ててできる黒い物の姿を壁や障子に映す遊びを影絵といいますが、そんなところから「影」は〔人や物の姿〕をも表すように意味を広げました。〔かがみ（鏡）〕は「かげ・み」すなわち「影・見」です。姿を見る道具なので大型のものは「姿見」ともいいます。姿がしっかりと写し出されることから、「武士のかがみ」のように〔お手本、模範〕の意味にも使われ、この場合は「鑑」という漢字を用います。

一方、「陰」は山陽・山陰というように陽の反対、つまり〔日の当たらないところ〕、ひいては〔隠れて見えないところ〕を意味する〔かげ〕に用います。阝は阜、つまり〔おか、やま〕の意であり、右側の「今」と「云」を合わせた字形が字音のインを表しています。「木陰」は〔木のかげになった場所〕、「物陰」は〔物のかげになった場所〕のことです。同じ「ひかげ」でも「日陰」なら文字通り日の当たらないところを表します。

国語には「おかげさま」という、とても美しい言葉があります。かつて「御蔭様」と書きました。しかし「蔭」が常用漢字外なので、今は仮名で書くのが一般的です。〔かげ〕に丁寧の接頭語の「お」や敬意の接尾語「さま」を付ける表現は、家族や師、友人など身の回りの人、もっと言えば世間、さらに言えば天地に遍満する森羅万象から戴くさまざまな庇護《ひご》や恵みに感謝せずにはいられないという、生まれつき備わっている日本人の精神風土を映した表現だと思います。

人はさまざまな「おかげさま」によって生かされているということに改めて思いを致したいものです。

恥

恥は善き道徳の土壌

「恥」という漢字は「耳」と「心」とでできています。人間には自尊心というものがありますから、世間が自分のことをどう言っているか、外聞・聞こえというものがどうしても気になるものです。そこで「恥」とは、耳に聞こえてくる自分への悪しき評判に対して受ける気持ちなのだと、思わずそう錯覚してしまいそうな字の形をしていますが、実はこの漢字は漢和辞典の耳へんではなく、情・悲・恭などと同じく、心の部に収められています。「恥」の左側の「耳」は、〈みみ〉という意味とは関係がなく、恥のチが耳のジに通ずる字音であることを示す記号＝音符なのです。耳のジは、また「忸怩《じくじ》（自分の行いなどについて恥ずかしく思うさま）」という言葉の「怩」に通ずるとされ、これによって「恥」を〈はずかしい、はじ〉の意を表す漢字として用いているわけです。

かつてアメリカの文化人類学者・ベネディクトは、日本文化にはその核に「恥」という観念がある「恥の文化」だと分析しました。『岩波古語辞典』は「恥」という言葉を〈自分の能力・状態・行為などについて世間並みでないという劣等意識を持つ意〉と説明しています。

確かにこの「恥」の中には、例えば家が貧しい故にボロをまとっているとか、試験で五十点しか取れなかったとか、好意を持つ異性に振られたとか、そんな劣等意識による恥ずかしいという気持ちももちろん含まれていますが、それだけではありません。

新渡戸稲造は『武士道』でイギリスの思想家・カーライルの「恥はすべての徳、善き風儀ならびに善き道徳の土壌である」という言葉を引いています。「そんなことでは人として恥ずかしいぞ」という道徳意識に根ざした、自分で自分を恥ずかしく思う「恥」意識こそ、日本文化の中核にあった観念でした。それ故に、「恥」の観念が自らを律し自ら徳を積み上げていこうとする原動力になったのです。戦後、文化の日本的なるものを軍国主義にまつわる忌まわしきものとして軽視し捨て去ろうとする風潮があり、遺憾ながら日本人の心の中に連綿として受け継がれてきた「恥の文化」が喪失の危機に直面しています。

電車の中で平気で化粧したり、道端や電車の床にぺったりと座り込んだりする人をしばしば目撃するようになりました。その行為自体はただみっともないだけで、他人がことさら咎《とが》め立てをするほどのことではないという人もいるかもしれませんが、その薄れた「恥」意識は、日本人がカーライルの言う「善き道徳の土壌」を確実に一つ失った証左と考えれば、私たちが禽獣《きんじゅう》並みの心へと至る道程にあるのだと焦慮せずにはいられなくなります。戦後、安易に捨て去った日本的精神風土の再評価は私たちの喫緊の課題です。

友

人格を養い合える友を

ことわざに「人は善悪の友に依る」とあるように、人生において、どういう友を持つかで、将来どういう人間になるかが違ってきます。悪い友と親しくすれば自然と悪に染まり、善い友と交わればおのずから感化されて善良さが身に備わってきます。どんな友を持つかということは、人生における一大事なのです。

「友」という漢字は「ナ」と「又」でできていますが、甲骨文や金文では、「ナ」も「又」も右手を上に差し伸べた形で、左右に二つ並んでいます。「ナ」は「又」の変形、つまりは「又」を二つ並べた字形が「友」なのです。「又」はユウという字音を持ち、これは「佑（ユウ）」に通ずるとされます。「佑」は〔たすける〕という意味を持ちますから、「又＋又」の「友」は〔右手に右手を差し添えてたすける〕意となり、ひいて〔親しむ、仲がよい、とも〕の意に用いるのです。

国語の「とも」には「友・朋」のほかに、お供の「供」、共に、～と共になどの「共」がありますが、語源的にはみな同一で、根本的には〔添える、一緒に～する、たすける〕という概念が含まれています。「友」と「朋」は共に友人の意に用いる字ですが、あえて区別すると、「友」は同志の「とも」、「朋」は同門の「とも」です。「供」の字をお供の供、すなわち〔主にそば近く使える者〕の意に用いるのは、国語特有の用字法で、漢字の字義は本来〔そなわる、そなえる〕です。

論語に「三友」の教えがあります。有益な友とは①正直な人②誠心の人③物知りな人であり、害のある友とは①お体裁ぶる人②へつらう人③口だけ達者な人です。現代でも参考になる金言です。江戸時代の儒者で漢詩人・菅茶山《かんちゃざん》の、同門の友・西山拙斎《せっさい》に贈った詩の一節に、

琢切《たくせつ》　頑魯《がんろ》を励まし、
麗沢《れいたく》　晦盲《かいもう》を啓《ひら》く。
曲蓬《きょくほう》　叢麻《そうま》に依《よ》らば、
矯《た》めずして其《そ》の茎を直《なお》くす。

というのがあります。大意は、切磋琢磨《せっさたくま》しつつ、頑迷《がんめい》で愚かな自分を奮い立たせ、互いに潤わす麗沢のように道理に暗い自分の知性をひらくべく導いてくださった。曲がって生える蓬《よもぎ》も、まっすぐに生える麻の叢《くさむら》の中にあると、特に矯正《きょうせい》しなくとも自然にまっすぐに成長する、といったところです。若い人は特に、そのようによく相手を感化し、人格を養い合える関係を結べる友人を見つけたいものです。

安　求むべきは心の安楽

江戸時代の儒者・中江藤樹の『翁問答』に、人間が第一に願い求めるべきは何事かと問われ、「心の安楽に極れり」、第一に願い捨てるべきは何かと問われ、「心の苦痛より外なし」と答える一節があります。現代人が神様に祈願する心の内を推し量ると、願い事の多くは「努力せず要求す」か、ややましな方で「努力して要求す」に属することで、不平不満ばかりで、心の安楽がなかなか得られぬ生身の人間の至らなさを痛感させられます。

漢字の「安」は金文を見ると「宀（ベン）」と女と「丿（ヘツ）」とでできています。宀はウカンムリという部首に用いる字ですが、屋根を四方に垂れた寄せ棟の家の意です。丿はむつき（襁褓）の意で、「安」の字は「婦人が生理のときに、むつきを着けて、家の中に隠れて静かにくつろいでいる意」と、『角川大字源』は説明しています。〔安んずる〕の意は、そこから生じたものです。

国語の「やすらか」は「やすむ」と語源を同じくするもので、「休」という漢字が一説に〔木の下で憩う〕という作りになっているのも、国語と漢字相互に通ずるものがあって面白いと思います。

なお「安」の対語の「危」は、厂（カン）が崖を表し、厂の下の㔾に似た形状は人がひざまずく姿、上のクは立つことができずにひざまずく格好で、まさに〔あやうい〕の意を字形で示しています。

中国の古典「墨子」に「安居なきに非ず、我に安心なきなり」という言葉があります。安らかに暮らせる所（境遇）がなかなか得られないのはそういう所がないというわけではなく、心に安らぎがないから安らかに暮らせないのだということなのでしょう。

漱石は小説ばかりではなく素晴らしい漢詩も遺しています。「黙然　大空《たいくう》を見る。大空　雲動かず」とか、「鳥入りて雲に迹《あと》無く、魚《うを》行《ゆ》いて水自《おの》づと流る。人間　固《も》と無事《むじ》、白雲　自づから悠悠」とか、詩句の片々から漱石がいかに心の安息を求めていたかが痛いほど伝わってきます。しかし、凡夫には心の安息などそうそう簡単に手に入れられるものではありません。そこで、その極意の一端を勝海舟の次の言葉から学んでみましょう。

「胸に始終気がかりになるものがあって、あれの、これのと、心配ばかりしていては（中略）とても電光石火に起こりきたる事物の応接はできない」「いわゆる坐忘《ざぼう》といって、何事もすべて忘れてしまって、胸中闊然《かつぜん》として一物をとどめざる境界に至って、始めて万事万境に応じて縦横自在の判断が出るのだ」（氷川清話）

忘れることも心の安楽を得る近道なのです。

面

笑顔に拳当たらず

漢字には、その形を模して字形にした象形文字由来の字がたくさんあります。例えば、顔にある目、鼻、口、耳、眉、歯（齒）。「顔」は音符の彦（音のゲンはガンに通じる）と意符の頁（かしら、くびの意）とでできた形声文字ですが、〔かお〕と同義語の「おも」に用いる「面」はやはり象形文字です。といっても、顔そのものでなく、顔に付けるお面の形を文字にしたもので、ひいて〔かお〕の意の「おも」に用いるようになりました。面影、面白い、面持ち、面映ゆいなどは、みな〔かお〕の意を含む複合語です。

「おも」から「お」が脱落して単に「も」になる言葉もあります。みなも（水面）は、**み**（水）＋**な**（助詞の「の」に同じ）＋**も**（面）という作りの言葉です。よも（四方）の「も」も「おも」の約《つづ》まった形で、この場合、〔方面〕の面を表しています。

一方、「おも」には「て」を語尾に添える「おもて」という語形もあります。時代劇で平伏する家臣などに殿様が「おもてを上げよ」というシーンが出てきます。あれは「顔を上げなさい（対面することを許す）」という意味です。

この末尾に付いた「て」は元来、「手」の意味が細分化し、〈手の指す方向〉の意になった接尾語で「右手（右の方）」「左手（左の方）」「上手（かみて）」「下手（しもて）」「行く手」「後ろ手」などの語の一部になっています。「おもて」の「て」も〈顔の向く方〉というのが原義で、本来は「裏手」（裏の方）と対になる語ですが、「おもてを上げよ」のように〈顔〉そのものを指す用法が次第に廃れる一方、おもてが「表手」ではなく「表」と表記されるように、だんだんこの語に含まれる〈顔〉という部分の意識が薄れ、単に〈前の方、表面〉の意に変化し、「おもて」が「うらて」ではなく「うら（裏）」の対語として用いられるようになりました。それでは「うら」とは一体何かというと、〈目に見えない内側、後ろ側〉の意で、「心」もそういうところに存在すると考えられました。

正直な人は裏（心）にある本音が直接、おもて（面＝顔）に表れます。「忍ぶれど色に出《い》でにけり我が恋は物や思ふと人の問ふまで」（心に秘めておいた私の恋は、人に「恋をしているね」と言われるほどに顔色に出てしまったものよ）というのならほほ笑ましいで済むでしょうが、それが怒りだととかく角が立つのが世の中というものです。

そこで一つ、ことわざに学びましょう。「握れる拳《こぶし》笑める面《おもて》に当たらず（穏やかな笑顔でいれば他人から酷《ひど》い仕打ちを受けない）」。これは逆もまた真で、いつも笑顔でいれば心の怒りは自然に解けてなくなるものなのです。

正、直　徳に近い「正直」

「正直さ」は、特にまだ心の捻《ね》じ曲がっていない幼年期にぜひとも身につけたい道徳の第一歩です。では「正直」とは一体どんなことをいうのでしょうか。

国語の「正しい」という言葉は〈タダ一つ〉〈タダひたすら〉などというタダと同根の言葉で〈曲折がなく、まっすぐ、対象に向かって直線である〉という原義を持っています。道徳、規範に対してまっすぐだからこそ「正しい」のです。漢字の「正」は「一」と「止」とでできており、甲骨文でみると「一」は「口」または「口」の形状をしています。この「口」は一説に膝頭を表し、「止」はその下の脛（すね）から足にかけてのまっすぐの部分を示しているとあります。まっすぐで曲がらないので〈正しい〉というわけです。

一方、国語の「直し」は「今なお元気いっぱい」「なおさら悲しい」などという「なお」と同根の語で〈物事が曲折せずまっすぐにずっと続いていく〉という原義を持っています。そういう〈ゆがんでいない、曲がっていない〉様子を「直し」というのです。漢字の「直」は**十**と**目**と**し**とでできています。「十」は縫い針のようなまっすぐな形をしています。一説に「直」

という漢字はそれに「目」を加え〔まっすぐ目で見る〕意とされています。「乚〔曲がった形〕」は後に加えられ、合わせて〔曲がったものを正す〕意に使われるようになりました。

ところで、その昔、こんなことがありました。私の家内が或る顔見知りの子に「夏休みにどこかへ出かけたの」と尋ねたところ、「家中みんなでハワイへ行った」と真顔で答えたのです。「よかったわねえ」と家内はそのままに受け取り、後日、その子の母親に道ですれ違ったとき、「みんなでハワイへ行ったんですって」と声を掛けると、「ご冗談でしょう。そうならいいんですけどねえ」と笑って否定され、大いに面食らったということでした。子供の嘘は他愛ないものですが、自分たちの子供の頃のことを考えると、親や祖父母から「嘘を言うと閻魔様に舌を抜かれるよ」「嘘つきは泥棒の始まりだよ」などと厳しくたしなめられたものです。このようにして「正直」の大切さが教え込まれました。

しかし、論語は「正直」についてこう説くのです。「私どもの村で、父親が羊を盗んだのを或る正直者の息子が知らせた。これをどう思うか」との葉公《しょうこう》の問いに、孔子は「私どもの村の正直者は、父は子のために隠し、子は父のために隠します。正直であることはその中に自然に備わるものです」と。「正直であれ」という道徳心は極めて尊く、もちろん身に備えなければならない人格の基礎であることは疑いもありません。しかし、真に徳に近い「正直」とは何か、論語の教訓はいつも私たちに問いかけています。

誓　親子の情は誓いに勝る

漢字の「誓」は、意符「言」(＝言葉)と音符「折＝セツ」から成ります。「誓」の上部の「折」は、「逝」の音符「折」と同様にセイの音を表します。これは「制＝セイ」に通じ、〔制定する、とりきめる〕の意を併せ持ちます。「誓」の字形はこれらを合わせ〔言葉によってとりきめ約束する〕ことを示します。国語の「ちかう」は〔神仏など絶対者に、それを破れば罰せられることを承知で或る約束をする〕意です。〔ちかう〕と訓じる「盟」の字形は〔いけにえの血入りの皿を啜《すす》り合って誓いの証しとする〕ことを表しています。国語の「ちかい」が**チ**(血)＋**カイ**(交い)という成り立ちだと知れば、漢字と国語の両者の共通項が見えてきます。「誓い」とは、そのように決して破ってはならない約束事なのです。筆者はそこで芥川龍之介の「杜子春《とししゅん》」という小説を思い浮かべました。

今夜寝るところもない、元金持ちの息子の杜子春が洛陽の西の門の壁に身をもたせて途方に暮れていると、一人の老人が現れます。その教えに従って杜子春は地中から車いっぱいの黄金を掘り出し、贅沢限りない生活に戻ります。しかし、たちまち使い果たしてしまいます。すると、またあの老人が現れ、黄金のありかを教えてくれるのです。贅沢な生活に戻りますが、それもすぐ使い果たします。老人は三たび黄金のありかを教えようとしますが、杜子春はもう金は要らないと言います。人は金持ちには世辞や追従《ついしょう》をするのに、一旦貧乏になると振り返りもしない、そういう人間というものに愛想が尽きたというわけです。でも、質素な普通の生活を送ることもできないので、仙人になる弟子にしてくれと頼みます。老人は山の奥へ杜子春を連れて行き、岩上に独り座らせます。そこで、いろんな魔性に遭うのですが、仙人になるためなら一言も口を利いてはならぬと戒めます。

杜子春は地獄で閻魔大王に責め立てられますが、口を噤《つぐ》み決して声を立てません。畜生道から顔が父と母の二頭の痩せ馬が引き立てられ、鬼どもが鉄のムチを振るいます。杜子春はぐっと我慢しますが、肉は裂け骨は砕かれながら、母はこう言います。

「お前が幸せになるためなら言いたくないことは黙っておいで」と。すると杜子春はついに「お母さん」と声を立ててしまいます。誓いを破った杜子春は仙人にはなれませんでした。その杜子春がその後どうなったかは、どうか原文を読んでください。

神罰覚悟の、それほどに重要な誓いでも、人生にはそれを上回る切実な局面があることを、私たちはこの小説から学び取ることができます。芥川龍之介は今や漢字や用語が難しいと敬遠されがちですが、幼少年期からぜひ触れさせてやりたい心の教本と考えます。

大、太　包まれて生かされる

漢字の「大」は「おおきな成人の男子が正面を向いて、両手両足を広げて立っているさま」（『角川大字源』）をかたどった象形文字です。大きいものは見た目にも大きいと、この漢字の成り立ちが教えてくれているようです。しかし、果たしてそうでしょうか。

明治から昭和にかけての歌人・前田夕暮に、

向日葵《ひまわり》は金の油を身にあびてゆらりと高し日のちひささよ

という歌があります。向日葵の大輪に、天高く燃え盛る太陽がじりじりと照りつける光景が鮮やかに目に浮かびます。ですが、どうしたことか、この歌は、「日のちひささよ」と歌っているのです。

平成二十四年五月に太陽と地球の間に月がすっぽりと収まり、黒い月の輪の周囲が環状に輝く金環日食が日本の太平洋側を中心に広い範囲で観測されました。この金環日食の現象に、筆者はふとこんなことを考えました。

太陽は直径で地球の百九倍もあり、月は地球よりも小さな衛星に過ぎません。なのに、まるで太陽は月よりもその黒い月影の周囲から光がこぼれる分だけしか大きくないように見えるではないか、と。私たちは観念の上では、太陽はとにかく大きいことを知っています。引用した歌の「日のちひささよ」も、そういうことで、かえって日の強さ、ぎらぎら感を強調しているのです。そうです、大きい小さいは相対的な概念ですから、見た目と実体と合致することもありますが、必ずしもいつもそうであるとは限りません。なのに、私たちはとかく、見た目で事物の大小を判断することはないでしょうか。世の中には、見た目が大きくてもちっちゃいものもあるし、見た目が小さくても大きいものがあるのです。

「大」に形の似た字に「太」があります。常用漢字の訓では「ふとい・ふとる」だけですが、実はこの漢字、「大」を縦に二つ重ねた字形をしていました。同字を重ねる場合、古くから二つ目を略して「二」と書く習いがありました。「太」ですと、「大」と「二」を縦に重ねた「夳」の字形になります。この「夳」の「二」が省略されて「、」になったのが「太」の形なのです。こうした字の成り立ちから〔大きい上にも大きい、甚だ大きい〕というのが漢字の「太」の本義です。太陽の「太」は、まさにその「太」の字義を表しているのです。「太」の字形は、私たちにとって見た目や物理的な大きさとは別に〔大きい上にも大きい〕、そうした存在であることを示しています。私たちは日々、そんなまことに大きなものに包まれて生かされているという思いを大切にしたいものです。

大、小

器量の大が生む謙遜

漢字の「小」は甲骨・金文の字形に小さな三つの「、」で描かれています。〔ごく小さなもの〕をかたどった象形文字です。

筆者が近所を散歩していると、決まって激しく吠え立ててくる犬がいます。立派に番犬の役目を果たしているのですから見上げたものです。塀の間から見える、その獰猛《どうもう》犬が、実は図体《ずうたい》の小さな臆病犬と分かれば、言葉を極めて褒めてやりたくもなります。

しかし、もちろんそれは言葉の綾で、吠えられた側の人間なら、きっと蹴りつけてやりたいほど憎たらしく思うに違いありません。それは人間にも当てはまることで、自分を大きく見せよう大きく見せようとする身の程知らずの空威張りは、恐れ入られる前に嫌われるのが常です。

気宇壮大なことばかり言い散らして、実力が伴わなければ、それは人に嘲《あざ》けられます。人は尊大よりも謙虚な方が周りから好かれるものなのです。

日本人は、はでやかさや目立ちたがりよりも、控えめでつつましやかな挙措《きょそ》を好ましく思い、言葉や立ち居振る舞いは小なるをもってよしとする、独特の感性を持つ民族です。しかし、このことは人々に路傍の石くれのようなつまらない人間であることが理想的だ、そういう器量の小さい人間になりなさいと教えるものでは決してありません。人生において、身を小さくして生きることと、身を小さくしようとして生きることとは同じではないのです。

幸田露伴は「学に従って居る中《うち》は、力《つと》めて限界を拡大し、心境を開拓し、智を広くし識を多くし、自ら自己を大になさんことを欲せなければならぬ」（修学の四標的＝『努力論』所収）と述べています。「人学べば則《すなわ》ち漸《ようや》く大、学ばざれば則ち永く小」なのです。これは修学についての論ですが、日常生きて行く上でも、欠かせない金言です。

「大」に至ろうとする志がなければ、人は明日に決して今日の「大きさ」を超えられません。ただ、人にはそれぞれ持って生まれた資質というものがあります。皆が皆、総理大臣になれるわけではないのです。だから、まだ自らの資質の測りがたい子供は別として、分別のつく年に至ったら、野放図な大を描くより、今日よりも明日の大を期して精進することが大切になります。

そして、筆者はこう考えるのです。こうして徐々に器量を大きく広げてゆけば、臆病犬がむやみに吠え立てるような、また大言壮語して恬《てん》として恥じぬような身の処し方は自然となじまなくなり、外に対して謙遜の風がおのずから身に備わってくるであろう、と。

自分を小さく見せようとする、控えめでつつましやかな挙措こそは、逆に器量の大きさのなせる業なのです。

果、涯

人生は果実を結ぶ旅

幾山河　越えさり行かば寂しさの　はてなむ国ぞ　今日も旅行く

漂泊の歌人・若山牧水が明治四十年六月末から暑中休暇で宮崎へ帰省する途中、中国地方各地を旅行したときの歌です。しかし、そうした実景を前にした旅情というよりも、もっと普遍的な、人生そのものが主題になっているように感じ取れます。

青春時代に読めば青春の、壮年期に読めば壮年の、老年期に読めば老年の琴線に触れてくる、しみじみとした寂寥《せきりょう》感が心に沁《し》み入ってきて、制作後、百年以上を経た今も全く鮮度を失っていません。その詩の力の所以《ゆえん》は、そうした寂寥感が、身内の死や、失恋、病気などといった個別的具体的な事情にあるのでなく、この世に生きるすべての人がついには死を免れず、ついには無に帰してしまうという、いわば存在そのもののありようにあると思うのです。

もちろん、この「寂しさ」は常に人々の意識に上っているわけではありません。家族や友人、同志、或いは宗教、芸術、娯楽などさまざまな癒しの装置がありますから、人は泣いたり笑ったりしつつ、何とかそれぞれの旅路を歩いてゆけるのです。しかし、意識下に横たわるその「寂しさ」は決して消し去れず、また自然に果ててなくなってしまうこともありません。

引用歌では「はてなむ」と仮名が用いられていますが、国語の「はてる」は普通「果てる」と表記されます。「果てる」とは〈限界まで行って、それで終わりになる〉意です。名詞形の「はて」は「果て」のほかに「涯」も用いられます。「涯」は水の意の「氵」と意符と音符を兼ねた「厓《がい》」（かぎり）とを合わせて〈水のかぎり、岸〉の意を表す会意形声文字です。向こう岸の見える日本の河川を思い浮かべると「はて」の意味がつかみにくいかもしれませんが、太平洋の海岸に立ってアメリカの海岸を想像すれば、「かぎり」ということが現実感をもって合点できると思います。

さて、金文によって「果」の字形を見ると、木の上の「田」は「口」の中が「米」の形です。木の上の方に実が成っているさまをかたどっているのです。果物、果実、果樹などの「果」はみな〈くだもの〉の意です。「果」には別に、果敢、果断など〈思い切りがよい〉、成果、結果など〈果たす、し遂げる〉などの意がありますが、樹木の生きてきた証しが「果実」なのだと考えれば、「果て」と「果物」のイメージが重なりましょう。

「果実」は種子、つまり鳥に啄《ついば》ませて、生命を次代へと継承するための仕組みです。人の生涯もまた否応《いやおう》なく自らの生きた証し〈結果、果実を結ぶこと〉を遺すものなのです。そう考えれば、「存在」そのものの寂寥感も慰藉《いしゃ》できるのではないでしょうか。

美

近くて遠い漢字の故郷

真・善・美はそれぞれ〔まこと〕〔よい〕〔うつくしい〕という人間にとっての三つの価値を表す漢字です。面白いのは、このうち二つ（善・美）までが「羊」を字形の構成要素にしていることです。漢字の「羊」は羊の角の部分（上部）と尻尾の部分（下部）をかたどった象形文字です。じっと見ていると、何となく文字が羊に見えてきませんか。それが象形文字の他のどんな文字にもない特長です。

では「美」がなぜ羊と関係があるのか、この漢字の成り立ちを見てみましょう。「美」は上部の「羊」と下部の「大」とを組み合わせてできています。大きく肥えている羊は立派で、その肉はうまいので、ひいて〔よい、うつくしい〕の意に用いるようになりました。白川静の『字統』では「大」の部分は羊の後ろ脚で「美」まるごとが羊の全体をかたどった象形文字であるとしていますが、羊の肥えた肉は立派で、神に供えるのにふさわしいということから、やはり〔よい、うつくしい〕という意に用いられるようになったと解しています。ともに「肥えた羊の肉」という意味の出どころに違いはありません。

農耕民族の日本人にはこの感覚はちょっととらえがたいものがあるかもしれません。国語の「うつくし」という概念は、なにも羊によって表すべき必然性などまるでないからです。国語の「うつくし」はもともと〔大きくて立派なもの〕に対して抱く感覚ではなく、万葉集に「父母を見れば尊し　妻子《めこ》見ればめぐしうつくし……」とあるように、逆に〔小さくてかわいらしく、また保護したくなるような〕子供や妻、恋人などに対する親密の情のこもった感覚なのです。

漢字は私たちにいろいろな知恵を教えてくれます。しかし、生まれ故郷は中国であり、「美」のように、日本人には理解しがたい成り立ちの漢字も結構あるのです。かの国は易姓革命といって徳を名分として権力の武力による交代を当然とする歴史を持っています。同じような肌の色、同じような顔つきをしていますが、万世一系の日本とは国民性をつくる風土も文化的土壌も全く違います。だから、「美しい」というようなその民族性に根ざした感覚は特に彼我に千里の隔たりがあって当然なのです。

そこを理解せずに、やみくもに「同文同種、仲良くしよう」と唱えても足をすくわれることを私たちは知るべきです。尖閣諸島をめぐる反日デモで、日系の企業やスーパーが襲われ、打ち壊しだけでなく、商品の略奪までが行われた事件もありました。それが世界第二の経済大国となった隣の国なのです。漢字の「美」はそういう意味で、日中両国が近くて遠い国と知るよい教材となったといえるかもしれません。

善　日本人が大好きな文字

「善」は音ゼン、訓〈よい〉。「美」と同じく「羊」が字形構成要素の一部を成していますが、漢和辞典では「羊」ではなく「口」の部に属します。分類上「口」の仲間とした方が便利なのでしょう。「善」はもと「羊」の下の左右両側に「言」を配した「譱」の字形でした。『角川大字源』はこの「羊」は「義・美などの省略形。りっぱの意」とし、下部の二つの言〔詰〕は「論争、また、誠・厚の意」と解しています。「詰」は見慣れない字ですが、字音ケイ、キョウで、「競」に通じ、〔言い競う〕という意味を持ちます。そこで、「譱＝善」は〔りっぱで誠のこもった論争の意。ひいて、「よい」意に用いる〕とこの字の成り立ちを説明しています。『字統』は「羊は神判に用いる神羊」で「両言は原告と被告」と解し、もと裁判用語だったものが、後にすべて神意にかなうことを善というようになったのだとしています。

「よい」という言葉は、日本人なら誰でも知る基礎的な国語ですから、牧畜民族に身近な「羊」を間に置くとわが農耕民族にはかえって分かりにくくなるのかもしれません。

「善」に対する関心の高さは「美」などに比べてはるかにことわざの多いことからも明らかです。

「善は急げ」「善根を積む」「善悪は友を見よ」「善言は布帛《ふはく》よりも煖《あたた》かなり」「善には善の報い、悪には悪の報い」「善悪は人にあらず、自らの心にあり」……。いずれも人生の折々に玩味《がんみ》して、その言葉の知恵の深さに触れてみたいものです。「勧善懲悪」というが如く日本人は「善」が大好きな民族なのかもしれません。

国語の「よい」を表す漢字には常用漢字では別に「良」があります。新聞などでは「気分が良い」「成績が良い」「手際が良い」「品質が良い」など一般的には「良」を用い、「善」は「善い行い」「世のために善いことをする」など徳に関係するような場合に限定的に使っています。

「よい」といえば『万葉集』に

よき人のよしとよく見てよしと言ひし吉野よく見よよき人よく見（二七）

という天武天皇の御製があります。原文の万葉仮名は「淑人乃　良跡吉見而　好常言師　芳野吉見与　良人四来三」となっていて、「よく」という声を写した「四来」を除くと「淑・良・吉・好・芳」というめでたく好もしい漢字がちりばめられています。また「よき・よし・よく」という声が次々に繰り返されて、口に上《のぼ》せて快い響きがあり、唱えれば自然によいことが身に降りそそぎ、心に沁み出してくる、おまじないのような効果があるようにも思えます。「きょうはちょっと幸せが足りないかな」と感じたときなど、ためしにこの歌を口ずさんでみたらどうでしょう。

真　「誠」で「真」を磨く

「真」は音シン、訓は〔ま、まこと〕。「真」は常用漢字の字形で、元は「眞」で、「七」と「県」で構成された漢字でした。「七」は金文で見ると、「人」を逆さまにした形をしていて、「県」はまた「首」を逆さまにした形をしています。

「首」は上部が髪の毛、下部が頭部全体を表した象形文字です。紙に「県」と書いて逆さまにしてみれば、何となく「首」に見えるし、「首」と書いて逆さまにしてみれば何となく「県」に見えなくもありません。

白川静の『字統』に「七は化の初文で死者、県は首の倒形、合せて顚死《てんし》の人をいう」とあります。「顚死」は難しい言葉ですが、顚倒、顚覆、顚木などと用いるように「顚」とは〔たおれる、逆さまになる、ひっくり返る〕意で、「顚死」とは〔いきだおれの死者〕です。それがどうして〔まこと〕の意に用いられるのでしょうか。同じく『字統』に「真とは死者、それはもはや化することのないものであるから、永遠にして真実なるものの意となる」とあります。生きていれば、努力次第で良くも悪くも変わるものだが、死者は心身の働きが永遠に停止した人のことだから、もうそれ以上変わりようがないということなのでしょう。

「真」は「ま」と訓じて接頭語に用いることがあります。その用法の範囲は広く、真心・真水・真東などは名詞に付く例、真新しい・真っ白い・真っ黒いなどは形容詞になる例、真っ暗・真っ青などは形容動詞になる例です。いずれも〔本当の、完全な、純粋な〕などの意を表します。

国語の「まこと」は、**マ・コト**に分解でき、漢字を当てれば「真言」「真事」。真実の言葉、真実の事柄です。コトとはモノに対する言葉で、古代の日本人は言葉と事柄とを同一に考えました。言葉は行為と同様、他人または外界の事物に変化や影響を与える大きな力を持っているのです。「バカヤロ」の一言が時に殴る蹴るの暴力にも増して相手を傷つけることを理解して、よくよく慎まなくてはならないのが言葉なのです。

国語の「まこと」を表す漢字には「真」のほかに「誠」がよく用いられます。「真」は真実・真理・真剣・真正など〔（客観的に）本当の〕の意に、そして「誠」は誠意・誠実・至誠・忠誠など主として〔偽りのない心、まごころ〕の意に用います。「まこと」は内と外と別々にあって同一の何かです。それを尋ね行くのがまた人生の旅路なのです。

ある意味で、現代は先行きどころか「まこと」が見えにくくなった世の中です。「真」に雲がかかれば「誠」が闇に埋もれ、「誠」を軽んずれば「真」が濁ります。私たちは「誠」をもって「真」を磨くきょうの一日を送りたいものです。

日、土、地

母性の本質を示す大地

「日」は字音がジツ（漢音）・ニチ（呉音）、字訓は〔ひ〕と〔か〕の二つ。「か」は二日・三日などの「か」です。「日」が象形文字であることはよく知られています。甲骨文は「口」の中に短めの「一」を、金文は囲みの角ばった口が楕円形になっていますが、その中にやはり「一」を描いています。象形文字の「口」は太陽の輪郭です。では、中にある「一」は一体何を表したものなのか。『説文』は字音ジツは「実《ジツ》」に通じるものであり、日は月のように満ち欠けをせず常に満ちていると説明しています。「一」は実体のあることを示す記号なのです。太陽は生命の根源であり、常にエネルギーを充満させ放射し、光となり熱となって生命をはぐくみ育てています。それを知ってか、草木はみな太陽がそこにある天に向かって競い合うように伸びています。

「土」という漢字も象形文字です。とはいえ、土に輪郭があるわけでなく、「つち」の形をかたどるといっても、どうすればよいのか、まじめに考えると思わず途方に暮れてしまいかねません。でも、漢字を作った人はさすがに知恵者なのですね。金文を見ると、「つち」を表すのにその表面から植物の芽がぽこっと現れ出る姿をかたどっています。「土」の字音は**ト・ド**で、トは「吐《と》」に通じ、そこからあたかも吐き出されるように植物が発芽する、そんな霊力を持つものが「つち」ということになりましょう。

私たちは、「地」という漢字も同じ「つち」の意に用います。字形の右側の「也」は蛇のようにうねうねしている意で、「地」はそのようにして伸び広がっている大地の意を表します。「土」と「地」を比べると、「土」は「地」のように広がって存在するイメージではなく、土砂そのもの、または堆積した「つち」のイメージを持つ漢字です。

「日」と「土」、すなわち太陽と大地はともに人間には大いなる霊力を持った存在ですが、人はともすれば太陽のありがたさは忘れないけれども大地のありがたさは忘れてしまいかねないというのが常なのではないでしょうか。筆者は若い頃、鈴木大拙の『日本的霊性』という本に巡り合い、大変感動しました。爾来《じらい》、何度も読み返して、文字通り座右に置き続けています。そこにこんなことが書いてあります。

「根はどうしても大地におろさねばならぬ。（中略）天は畏るべきだが、大地は親しむべく愛すべきである。大地はいくら踏んでも叩いても怒らぬ。生れるも大地からだ。死ねば固《もと》よりそこに帰る。（中略）大地はどうしても母である、愛の大地である」

太陽を父性に例えるなら、大地は母性です。現代の日本人は特にこの母性の本質を深く自覚せねばなりません。

呼、応　思い出したい呼ぶ心

春になる桜の枝は何となく花なけれどもむつましきかな

西行の歌です。早春の桜はまだ花はないけれども何となく身近に親しみが感じられる、というのが大意です。こういう歌もあります。

春といへば誰も吉野の花をおもふ心にふかきゆゑやあるらむ

春というと誰もが吉野の桜を心に思う。そうなるのには深い理由があるのだろう。

西行の歌が九百年ほどを経てなお繰り返し鑑賞され愛され続けるのは、目に見える世界の内側にある見えないものの気配を感じ取る感受性や、それを心で熟成させ、その滋養を鑑賞者に恵与せずにはおかない詩精神の奥深さを感じさせるからではないでしょうか。

満開の桜は誰もが愛でます。でも、真に愛づべきは花の盛りではなく花の盛りを待つ心なのではないか。そう問われて、そうだ、そうだったと気づかされる人も少なくないのではないでしょうか。春というと誰も花の吉野を思い浮かべるけれども、真に愛づべきは吉野の景色そのものではなく、吉野の花の春を待つ心の思いの深さなのではないか……。

心というものは不思議なものです。立ち止まって、何かのきっかけによって或る気づきを得ると、今まで見えなかったものが見えてきます。現代人は宗教的情操に乏しく、無宗教であることが何か良いことのように思われがちですが、かつての日本人は西行のように多かれ少なかれ目に見えない神々と絶えず交信して生きてきました。交信とは呼びかけと応答です。

漢字の「呼」は元、その義に「乎」が用いられました。「乎」が後に助詞として使われるようになって、新たに「口」を加えて「呼」がつくられたのです。「乎」は鳴子板をかたどった象形文字です。この板を振って神を呼び出したのです。神々は目には見えなくてもいつでもどこでもあまねく満ちていますから、私たちが呼べば応えてくれるのです。

漢字の「応」は元の字形が「應」で、『字統』によると「神に祈ってその応徴《おうちょう》のあることをいう語」です。応徴（応えのしるし）は隹《とり》によって示され、鷹が隹を字形の部品に持つのは鷹が神意を示す鳥の故だと、これも『字統』にあります。

現代人が宗教的感受性に乏しいのは、この〝神を呼ぶ心〟を鈍磨させてしまったからにほかなりません。花の盛りは誰もうれしいものですが、それはただきれいな景色を見る歓びに過ぎません。春の到来を待ちわびて、「春よ、来い」と春の神に呼びかけ、神がそれに応じて恵与する花の盛りこそが、生命の更新を実感できる本当の歓びなのです。取り戻したいのは「呼ぶ心」です。

借

「借り物」のお返し

国語の「かりる」は〔後に返すことを条件に他人の金品を一時的に自分のものにする〕意で、漢字では「借りる」と書きます。語源的には「仮」（一時的に、また間に合わせであるさま）と同源の語です。漢字の「借」は意符の「イ（人）」と、音符の「昔（セキ）」を合わせた形声文字で、音符の「昔」には〔ふりをする〕意があり、「借」は本来〔まねて本物のふりをする人〕の意の漢字であると、『角川大字源』は説明しています。〔かりる〕の意に用いるのは借り物であるというのは愉快ではないですか。

「借りる」という行為は、人様のものを自分のものであるかのようにするのですから、返さなかったり、返すのが遅れたり、返すのを惜しんだりして、とかく人間関係に争いの地獄が付いて回りがちです。筆者などそれが怖くて借金をしない倹しい人生を選んできました。

でも「お前は本当に何物も借りずに生きてこられたのか」と問われると、答えに窮します。

文人政治家だった滝沢幸助の詩に、次のようなものがあります。

どなた様からか知らぬが　この手この足この目　この命はひとときの　借物と思ふ

この目にうつる物　この手にふれるもの　この鼻に吸ふ空気も　借物と思ふ
借物ならばお返しせねばなるまい　いつ何時《なんどき》でもお返しして　有難う様といふ
その日まで大事に大事に　お借りして居よう（後略）　（「かりもの」＝（詩集『雨だれ』所収）

「人間本来無一物」とは比喩に過ぎぬと思っていました。しかし、或る時、この詩が伝える真実が現実の感覚としてわが胸に迫る経験をしました。兄が他界したのです。兄は七人きょうだいの一番上。両親を早く亡くしたため、総領の兄が私を含む幼い弟妹の面倒をみることになったのです。それには、いろいろ目に見える苦労のほかに、目に見えない犠牲なども多くあったに違いなく、それを思えば兄は兄にして私には親同然の大きな存在だったのです。兄は貧窮の中にあって苦学して世に出ました。

社会的にもそこそこの地位を得て、決して悪くない人生でした。晩年は海外旅行を楽しみ、その風景を油絵に描くなど、よそ目には悠々自適に見えましたが、弟の目からはよくぞ凌いだと思えるような辛い目にも遭い、いよいよ納棺という折には、万感胸に迫るものがありました。

柩《ひつぎ》には身の回りの僅かなものが納められました。勤勉で得たことを知るだけに、気持ちの上では家も車も家財も植木もお国から戴いた勲章も、一切合財持たせてやりたいものと思いました。しかし、二度と帰ることのない旅へ赴く兄の遺影に手を合わせつつ、逝く者はこうして借りたものをお返ししてゆくのだなと思い返し、すがすがしいものをそこに感じたのです。

海

詩人が見た海と母

「海の日」という国民の祝日があります。私は海なしの群馬県で育ち、埼玉県で暮らすことが多かったのですが、海と聞くと何やら遠い遥かな向こうに魂が連れて行かれるような不思議な郷愁に誘われ、カモメの舞う青い空、白い雲、ゆっくりと動く汽船、白い砂浜……そんな絵葉書のような光景を思い浮かべて、少年期から青春時代にかけて、いつもうっとりとしていました。大学生のとき、三好達治の『測量船』という詩集を手にして、その中の「郷愁」という詩にとても感動しました。

蝶のやうな私の郷愁！……。蝶はいくつかの籬《まがき》を越え、午後の街角に海を見る……。私は壁に海を聴く……。私は本を閉ぢる。私は壁に凭《もた》れる。隣りの部屋で二時が打つ。「海、遠い海よ！と私は紙にしたためる。――海よ、僕らの使ふ文字では、お前の中に母がゐる。そして母よ、仏蘭西人の言葉では、あなたの中に海がある」

「海」という漢字の字形の中には確かに「母」がいます。そして、フランス語の母（ラ・メール la mère）の中には海（ラ・メール la mer）があるのです。授業でフランス語を習いたてだったこともあり、詩人のウイットに富み、洗練された言葉の技法に強い印象を受けました。母と海、それは共に命を生み出す神の工房なのです。

漢字学的には「海」と「母」とは関係のある文字ではありません。「海」の字音**カイ**は「毎《マイ》」を音符とし、同じくカイの字音を持つ晦や悔と近い関係にあります。一方の「母」は字音ボで、字音も違えば意味も異なります。でも、この詩は漢字学の知識に頼って書かれたものではないのです。だから、一瞬のうちに詩として結晶したのです。

さて「海の日」。平成十五年導入のハッピーマンデー制度により、今は七月の第三月曜日となり、年によって日が異なります。そのことへは賛否両論がありますが、「海の日」を国民の祝日とすることについては、大いに意義があると筆者は考えます。祝日法には「海の恩恵に感謝するとともに、海洋国日本の繁栄を願う」という趣旨が記述されています。

海は素晴らしい詩を生むだけでなく、交易の道であり、魚介や海藻などの恵みをもたらすところであり、天然ガスやレアメタルの眠る宝庫でもあります。安全保障上、領海は万里の長城以上の要塞にもなり得るのです。敗戦のどさくさに紛れて北方領土を奪い取って返そうとしない国や、竹島を不法に奪い取って昔から自国の領土だと主張している国や、尖閣列島を奪い取ろうとする隣国が現にあることを踏まえて、私たちは「海」のありがたさ、重要さを再認識しなくてはなりません。

機

「機」は人知を超える

夕立は夏の風物詩です。晴天にモクモクと入道雲が湧き、遠くで鳴っていた雷がだんだん近づいて来たかと思うと、一天俄《にわ》かに掻き曇り、ザーッと強い雨脚が走るように押し寄せてくる。そんな風景を眺めると、少年のころ、ずぶ濡れになって家に駆け込んだ記憶が懐かしく思い出されます。日本人はそんな自然現象から、さまざまな教訓を読み取る才能があるらしく、例えば「急がずば濡れざらましを旅人の後《あと》より晴るる野路の村雨」などといった歌は、短慮の戒めとして人々が口に上《のぼ》せたものでしょう。

これに対し、「本降りになって出て行く雨宿り」という川柳もあります。こちらの方も誰しもが思い当たる失敗の経験です。何事にも「機」というものがあって、それをうまくつかめばよい巡り合わせを手に入れられますが、逆に「機」を逃せば痛い目に遭うのです。

「機」の常用漢字の音訓は〔キ、はた〕だけですが、別に〔おり、からくり、きざし、はずみ〕などとも読まれます。機械、機器、織機、飛行機などは〔或る作業をする装置・仕組み、からくり〕の意、機会、好機、危機、投機などは〔兆し、折、チャンス〕の意の用法です。機能、機略、機知などは〔働き〕の意、枢機、万機などは〔道理、要《かなめ》〕の意の用法です。「機」はなぜこのように幅広い意味に用いられるのでしょうか。「機」は「木」が意符、「幾」がキの字音を表す音符で、二つを合わせた形声文字です。『字統』などによれば、「幾」は祭祀用の飾りを付けた戈《ほこ》の字形で、悪邪をうかがい察知する呪器《じゅき》とされています。後に、仕掛けのある器具を機械といい、その働きを機能といい、そこから〔兆し〕や〔要〕など、いろいろに意味を広げていきました。

「機をうかがう」とは、物事を行うのに最も良い時機を狙うの意ですが、「機」は見ようとしてなかなか見えないけれども確かに外部からやって来る。そう考えるのが一般的でしょうか。一方、「機縁」という仏教用語もあります。仏道の悟りを開くきっかけの意です。仏教では仏の教えに目覚める「機」はもともと人の心の中にあり、その人に仏の教えを受ける因縁が備わっていることによってなされるというものです。では、「機」は人の外にあるか内にあるか、と問われれば、どちらも本当でしょう。ただ、経験則に照らして言えるのは、「機」は人間、努力してどうなるというものでないことです。例えば、株。買い時・売り時の商機を読む勉強をしても、神仏に願掛けをしても、必勝法などというものはあり得ず、なるものはおのずとなり、ならぬものはならぬのが現実です。重要なのは、「機」を逃さぬ稽古をすることではなく、物事には人知を超えた「機」というものがあると知り、粛然と居ずまいを正すことなのです。

月

心に懸かる月明かり

「月」の字音はゲツ（漢音）・ガチ（呉音）。**ガツ**は慣用音です。半月を写した象形文字で、金文を見るとローマ字の「D」の縦棒を少し内側に移した字形に小点を中に加えた形状をしています。月を表すのに満月を以ってしなかったのは、満ち欠けに月の本質を見たのでしょう。月のゲツの音は、「闕《けつ》」に通じるとされます。「闕」は〔欠ける〕の意です。朔から満月に、そして次の朔に至るまでおよそ二十九日余かかることを観測し、古代人はその周期を一カ月とする暦（太陰暦）を生み出しました。

月といえば、いささかの思い出があります。娘が運転免許を取って間もなく、ドライブを兼ねて栃木県の或る鄙びた温泉へ家族旅行に出かけました。午後三時過ぎに宿に着くと、いきなり「お風呂はもう済ませましたか」と聞かれ、唖然としました。聞けば、宿にも風呂はあるにはあるが沸かし湯で、当地の大概の旅館は、町内にある道の駅など三つの施設の温泉のどれかを利用するのが常なのだそうです。そこで、チェックインもそこそこに、外の温泉施設へと赴きました。

さて、宿に戻り食事も終わった夜、家内はもう一度湯に浸かろうと、宿の沸かし湯へ行きました。窓越しの月影だけが取り柄の、これといった趣向もない風呂だったとのことでした。ところで、この宿、廊下の壁に落書きをしてよいというのが売りでした。そこで、家内の言にヒントを得て、「月の湯」と題し、次のような詩句を書き付けました。

月明　何ぞ此処《ここ》に到る、其《そ》の慕情の最も深きに依《よ》つて也《なり》

この一事によりこの家族旅行は記憶の一ページにしっかりと残ることになったのです。

私たちは、昼間は日の光の恩恵で、苦もなく道と崖の区別をします。しかし、闇の中ではそろそろと手で探り足で探っても崖を道と誤りかねないのが人の常です。月明りは人々の足許を照らして、行くべき道をおのずから教えてくれているようです。その導きを慕う心は、いわば発心《ほっしん》に似たようなものかもしれません。大気が澄んで、夜空に輝きを増す月が、何となく心に懸かるものです。

牀前《しょうぜん》月光を看《み》る
疑《うたが》ふらくは是《これ》地上の霜かと
頭《こうべ》を挙げて山月を望み
頭を低《た》れて故郷を思ふ（李白「静夜思」）

一夜、月光を望んで何事か深く静かに思いを致したくなります。

種、根

命の蓄えられる頃

十一月という季節は、野も山もすっかり晩秋の景色となっています。暦の上では立冬のある月でもあります。

迢迢《ちょうちょう》たり天外去雲《きょうん》の影
籟籟《らいらい》たり風中落葉の声

漱石の大正五年十一月十九日作の漢詩「無題」の一部です。遥かなる天の彼方に雲が去りゆき、風が吹くとはらはらと散る落葉の声が聞こえる、というのが大意でしょうか。「籟籟」は、松の木を渡る風が立てる声を「松籟《しょうらい》」というように、自然界の立てる響きをいう言葉です。心の深いところに届く、美しくも懐かしい音楽のように、読み手の心のひだに絡みついてくる不思議な力を感じます。

普段、気にも留めないような流れる雲や落葉の声に意識が向くのは、病中かえって余裕を得、「実生活の圧迫を逃れたわが心が、本来の自由に跳ね返って（中略）油然《ゆうぜん》と漲《みなぎ》り浮かんだ」（「思ひ出す事など」）からにほかなりません。

漱石が同年十二月、つまりこの詩が成ってひと月もせぬうちに死去したことを考えると、その詩の言葉は無へ至る大静謐《せいひつ》の世界を描き出しているといえるかもしれません。死を前にいかにかくも悠然たる心境が得られるのか。筆者は十一月という最も穏やかなこの好《よ》い季節がいくばくかの役割を果たしていると考えます。

中国哲学者・木南卓一に「晩秋・初冬の候は、草木の営みが完結し、また元の種・実・根に還ってゆく時期です。枝葉や花が退き失せて、生命が種や根に収斂する時ですから、人の心もそれに相応しておのずと内省的になるわけです」（『楠葉だより』）という含蓄のある一文があります。

「種」という漢字は、晩稲《おくて》というのが原義で、穀物・果樹・草木の種という風に語義を広げていったようです。「根」は意符の「木」と音符「艮《こん》」とから成ります。艮は古字に後ろ向きの人の上に目が載っている形があります。『字統』によると、それは呪眼《じゅがん》で、その呪力によって侵入者を退ける義とのことです。「根」も呪眼に遭って進み難く一所に滞って固まる義、すなわち根っこの義となり、さらに根本・根源・根拠の義へと語義を広げました。

生命活動というものは、四季を通じて一定というわけではありません。活潑潑地《かっぱつはっち》な命の営みも、冬の訪れとともにいったん休止し、ひっそりと眠りに就くのです。しかし、それは生命の終わり、無への還元なのではありません。生命を種や根に蓄えて、次の芽吹きの時を待つのです。

旦、朝

心改まる元日の朝

『枕草子』第二段に、正月でも一日はとりわけ、空の様子もうらうらと霞のかかるのが目新しく感じられ、世の人は「みなすがたかたち、心ことにつくろひ、君をも我をもいはひなどしたる、さまことに、をかし」という一文があります。一月一日は十二月三十一日の続きですが、なぜか改まって清新な気分となり、襟を正したくなるのが、伝統的なわが国民の性情というべきもののようです。この日の朝を「元旦」と特別な言葉で呼ぶのも、故あることと感じられます。こうした節目節目の「気分」のようなものがだんだん失われつつあるようにも感じられるのは寂しいことです。

そのせいもあるのか、「元旦」の「旦」の字義が忘れられ、「元旦の朝」のようにダブった言い方をしたり、「元旦の昼頃」のように誤った言い方をしたりする人がいます。「旦」という字は地平線を表す「一」の上に日が昇ってくるさまを形にしています(『角川大字源』)。『字統』は「雲上に日が半ば姿をあらわした形」と説明していますが、こうした漢字の成り立ちを知っていれば、お日様が日中天高い位置にいるときには「旦」の字はふさわしくないことがすぐ分かるでしょう。「元旦の昼頃」は矛盾です。

　さて、国語の「あさ」といえば、「朝」の字を思い起こすのが一般的です。字の成り立ちは「旦」ほど簡単には見抜けないかもしれませんが、字形の左半分の「𠦝」が何を表しているかというヒントを出せば、「なるほど」と納得してもらえるでしょうか。「日」の上下に「十」があります。それを横に並べ替えると、「艹」（草かんむり）になります。つまり、「𠦝」の上下の「十」は草を表したもので、「草間に日があらわれ、なお月影の残るさまを示す」と『字統』は説明しています。朝の景色を思い浮かべれば、「あさ」とは確かにそのような時間帯です。

　論語に「朝に道を聞きては夕べに死すとも可なり」という言葉があります。「朝」は〈あした〉と訓ずるのが一般的です。今日では〈あした〉は今日の次の日のことですが、昔は一日を昼中心に「朝・昼・夕」と考えるのとは別に夜を中心に「夕べ・宵・夜中・暁・あした」と考える時間感覚があったそうです。〈あした〉は〈あさ〉同様の時間帯ですから〈あさ〉と同じ意に使われましたが、夜が明けた後の〈あさ〉なので明朝の意となり、それがだんだん明日の意へと広がっていきました。〈あした〉が〈あす〉を表す語と認識されるようになったのは近世以降のこととされています。

「朝起きは三文の徳」（「早起きは…」ともいう）といいます。世の流れはどうあれ、朝早く起きる生活習慣は大切にしたいものです。

卒　「学ぶ」に終わりなし

弥生《やよい》三月は厳しい寒気が徐々にほどけて、万物が生命活動を吹き返し、心身の勢いがおのずと取り戻される時期です。『万葉集』に、

万代《よろづよ》に年は来経《きふ》とも梅の花絶ゆることなく咲きわたるべし〔八三〇〕

という歌があります。歳月というものは毎年毎年、永遠にやって来て過ぎて行くが、梅の花は絶えることなく咲き続けることだろう、と歌われているように、この季節は昔から変わらず梅、そして桃、桜……と次々に開花して、目を楽しませてくれます。そうした季節感とは別に、わが国では小中高、そして大学もほとんどの場合、卒業式という一つの人生の節目を迎えるシーズンでもあります。

ところで、「卒業の『卒』とは一体どんな意味?」と、改めて問われると、答えに窮する人もいるのでは?「卒」には兵卒、従卒のように〔兵士〕の意、卒業、卒去《そっきょ》のように〔おわる、おえる、死ぬ〕という意味があります。卒業とは〔一定の課せられた学業を終える〕ことです。「卒」の字形の上部の「亠」と「从」は、両方を合わせて「衣」という字の変化した形です。下部の「十」

は「丿（ヘツ、右上から左下へ筆を引いてはらう意）」の変形です（『角川大字源』）。そうして印を付けた衣は、奴隷、しもべに着せてその目印としたのです。〔兵卒〕という言い方の出どころは、その〔しもべ〕というあたりにあります。一方、『字統』は「十」は「衣の襟の一端を結びとめた形」とし、死者の衣すなわち亡くなったとき、死者の霊が迷い出ないように結びとめたものと説いています。〔死ぬ、終える〕という意味の拠《よ》って来《きた》る淵源《えんげん》が見えたような気がします。

卒業式の「卒」が「おわる、おえる」意なら、それでは一般に用いられる「終」を用いて終業式でもいいじゃないか、そう書いた方が字を見ただけで意味が理解できるじゃないかという疑問が出てくるかもしれません。しかし、言うまでもなく卒業式と終業式は別のものです。終業式は各学年、各学期末に巡ってきますが、卒業式は小中高大それぞれの終わりに一回だけのものです。人生の節目の通過儀礼として大変重みがあります。

また、入学式に対して、私たちはなぜ「卒学式」でなく「卒業式」という言葉を用いるのでしょう。人は学びを始めることはあっても、学びを終えることはない。筆者には、そういう深い意味が隠されているように思えるのですが、いかがでしょう。

小中高大それぞれの期間に修めるべき学業の終わりはありますが、社会に出ても、幾つになっても学ぶことそのものには終点はありません。論語風の言い方をすれば、日々に学び日々にこれを習う――これは、実に楽しく喜ばしいことではないでしょうか。

花、華

日本人の情緒映す花

四月八日はお釈迦様の生誕をお祝いする灌仏会《かんぶつえ》（仏生会《ぶつしょうえ》などともいう）です。お寺の境内に設けられた花御堂《はなみどう》の水盤に安置された誕生仏に参詣客が甘茶を注いで供養します。花御堂の屋根にはこの時期に咲く桜や椿、木蓮《もくれん》などの花々が葺《ふ》かれ、彩りを添えます。このため、灌仏会は別名「花祭り」とも称されます。

さて、「花」と「華」の二つはどう違うのでしょうか。

新聞などでは、〔生け花、花が散る〕など植物のハナを指す場合や〔花形、花道《はなみち》、花を添える〕など一般用語は「花」を、〔文化の華、火事と喧嘩は江戸の華、華やか、華やぐ、華々しい〕など比喩や形容表現には「華」を使います。「花」と「華」との使い分けが難しいのには理由があります。『字統』によると、「華」は「花」の正字で、逆にいうと「花」は「華」の略字なのです。元は一つだったので、同じ字なら使い分けが難しいのも宜《うべ》なるかな、です。「花」は、中国の六朝時代、北魏《ほくぎ》の太武帝の始光二（四二五）年、新しい漢字を千余字作った中の一つであろうと『字統』は推定しています。

「華」の「艹」〔意符〕の下の字形は**カ**〔クワ〕という字音を表す音符であるとともに〔つぼみが美しくたれ下がって咲く意〕〔『角川大字源』〕の意符を兼ねています。「華」が主として〔盛美ではなやか〕の意に使われるようになり、改めて〔草木のはな〕の意に「花」の字が作られたのです。

「花」は意符の「艹」と音符の「化〔華の字音カの代用〕」を合わせた形声文字で、漢字学的には「化」に〔化ける〕の意味はありませんが、筆者には花の美しさにはどこか美の妖しさ〔化け物〕のようなものが潜んでいるようにイメージされるのですが、いかがでしょうか。

国語で単に「はな」と言えば、植物一般のそれであると同時に、『古典基礎語辞典』によれば、『万葉集』『古今集』では多くの場合、梅の花を指し、平安時代の末以降は桜の花を表すことが多くなります。今日、「花見」といえば桜見物のことをいいます。

春風の花をちらすと見る夢は覚めても胸のさわぐなりけり
梢うつ雨にしをれてちる花の惜しき心を何にたとへむ
春ふかみ枝もうごかでちる花は風のとがにはあらぬなるべし

西行の『山家集』から三首。風に散り、雨に散り、また風もないのに散る花の三相です。いずれも美しくどこかもの悲しさが感じ取れます。花は咲くもよし散るもよし、日本人の情緒を映す得難い自然の贈り物です。

薫、匂

有徳の余薫に与る

「風薫る五月」という言い方があります。木々の若葉を爽やかな風が渡る季節感ぴったりの表現だと、筆者は常々感心しています。国語の「かおる」は今日では〔よいにおいをたてる〕の意に、専ら嗅覚で感じる作用をいいます。

漢字の「薫」も意符の「艹」と、意符と音符を兼ねる「熏〔クン、いぶす、かおらせる〕」の組み合わせでできていて、〔芳しいにおいがする〕の意を持っています。しかし、「風薫る」という表現は、必ずしも鼻だけでなく視覚や触覚など感覚全体で総合的に感じ取る感じ方だと思いませんか。

「薫る」は昔の仮名遣いでは「かをる」と書きました。「かほる」と書いた方が何となく軽快感があって正しそうですが、誤りです。『大言海』は、「かをる」とは「気《ケ》折るノ転」としています。「気《か》」は「気《け》」の声が転じたもので、〔けしき、けはい、ようす〕の意です。「折る」は自動詞で、現代語の「折れる」に相当します。「折れる」は〔曲がってたわむ〕意で、『大言海』は「畳《たたな》はるノ意」だとしています。「たたなわる」とは〔幾重にも重なる〕ですから、「薫る」

とはすなわち〔気配が幾重にも重なる、気配があたりに充満している〕ということになります。「風薫る」の「薫る」が嗅覚で感じる〔芳しいにおい〕ばかりでない、もっとふうわりとした広い語感を持っていることが、語源からも説明がつくわけです。

国語の「かおる」に近い語に「におう」があります。こちらの昔の仮名遣いは「にほふ」です。「ニ（丹、赤い意）ホ（秀、ぬきんでて表れているもの）フ（接尾語）」（『古典基本語辞典』）という成り立ちで、「赤い色が浮き出て表れる」というのが原義です。そこから「美しいものの色合い」へと語義を広げ、花でも人でも、別に赤くなくても美しい様子をいうのに用いられました。元は今日のように嗅覚で感じる作用に限定する語ではなかったのは「薫」と同様です。

「匂」はわが国で作られた和製漢字で、風韻の「韻」の別体字「韵」のつくり「匀」の変化した字形とされています。「韻」には〔ひびき、おもむき、品格、美しい、みやびやか〕などの意があります。

さて、「薫」を含む漢語に薫育・薫化・薫陶……などがあります。いずれも〔徳の力で人を教化・訓育する〕意味です。徳のある人にはおのずから他を薫育する力が備わっています。日ごろ書物から遠い人でも、そうした有徳の人の言行に学び、その余薫に与《あずか》れるよう身を持していけば、凡人でも過ちに近づかぬ人生を歩みつつおのずら有徳に近づくことができようというものです。

蛙、蛍

雨に三余の教えあり

若い頃からの友人O君は五十を過ぎて間もなく、突然、新潟県刈羽郡の山里に移り住み、稲を作る生活を始めました。後に本にした『山村日記』に、その頃の思い出が綴られています。まず手始めに十坪ほどの荒れ果てた土を掘り起こした急ごしらえの田に、隣家からもらった余り苗を植えました。翌朝、水を張った田を見に行き、驚きました。

おらの田に　夫婦《めおと》の蛙《かわず》鳴き始め

水田の持つ自然の再生力に感じ入っています。それから二週間ほど後、雨の中、苗はしっかりと根付き、大きな葉を空へと広げています。その夜、蛍が飛びました。

わが田にもあそべよ蛍　星月夜　舞いつ踊りつ西の旅

六月は雨の季節。蛙と蛍とはこの時期の雨に似合う代表的な生き物といえそうです。

筆者が庭で草むしりなどをしていると、時々木々の葉や草の上にちょこんと座る雨蛙に出くわします。「井の中の蛙大海を知らず」など、蛙にまつわることわざの大部分は「蛙＝取るに足らないもの」といった扱いですが、のどを膨らませたりすぼませたり、その指先ほどの大きさが営む命の活動を見れば、愛らしいという感情も自然に湧いてきます。

「蛙」の字音アは慣用音で、漢音は**ワ**、**ワイ**、**カ**、**カイ**。鳴き声によるものです。本字は「鼃」。意符の「黽」は、蛙や亀などの種類を表すのに用います。音符の「圭」はケイの音ですが、これを音符に取る「娃」にはア（慣用音）、アイ、ワ（漢音）、「哇」にはア、アイの字音があります。『大言海』などによると、国語の「かへる（旧かな）」も、「かへ」が鳴き声によるものだそうです。ちなみに、「かへら」「かいろ」の呼称もあるそうで、わが国の祖先は蛙の鳴く声を「カヘカヘカヘ」「カヘラカヘラカヘラ」「カイロカイロカイロ」のように聞いたのでしょうか。

「蛍」は「虫」が意符、元の字形「螢」の上部「𤇾」がケイ、エイの字音を表す音符で、併せて〔小さな火、飛び交う〕意をも表します。かつて旅先の宿で、雨上がりの庭の池に蛍が闇の中を群舞するのを見たときのこと、その神秘的な緑の光が何やら祖霊というもののイメージと重なり、しばし物思いに耽《ふけ》ったものです。「蛍」には「蛍雪の功」という故事熟語があります。この言葉から想起するのは「勉強」です。学校に通っていた時代はともかく、社会に出た途端、勉強とは無縁の人も少なくないのでは？　そんな方々に「三余」（出典は『魏略』）という言葉を贈りましょう。冬は歳《とし》の余り、夜は日の余り、そして雨は時の余り。これが「勉強」に勤《いそ》しめる三つの余暇です。雨の日は勉強に精を出した日々を思い返して、静かに書を読んでみるのもいいものです。

夏、休

感傷は心を癒す力

梅雨が明けると、雨降りの間、何となく塞《ふさ》いでいた気分も、陽光の明るさが消し飛ばしてくれるような感じがします。その一方、蒸し暑さに体力の消耗を来《きた》しがちです。「夏休み」はそんな時期に見合った、よい慣習といえそうです。

漢字の「夏」はいうまでもなく四季の名の一つですが、「夏」そのものには〔なつ〕の意はなく、『字統』は「古く九夏・三夏とよばれる舞楽があり」「夏はその舞容を示す字形」で、「その舞楽こそ文雅・文明を示すものである」として、やがて中華の人々の自称となったと説明しています。〔なつ〕の意に「夏」を用いるのは仮借です。そういえば、ずいぶん前、日中記者交流で訪中した折、移動のバスの中で漢字の話が出て、案内役の中国外務省の職員に「夏は中国の人のことをいう字」と聞き、「へえ、そうなんだ」と少し驚いたことを思い出します。

「休」は一説に「木の横に人のいる」のを写して〔やすむ〕の意を表す字形とされますが、それも後から生じた字義で、元々は〔軍門で表彰を受けること〕を「休」といったのだそうです。

こうしてみると、「夏休み」という漢字表記は、その漢字が生まれたときの字義から随分隔たっていることが分かります。

さて、隠居生活の今の筆者には、毎日が夏休みのようなものですが、思い返すと、人生の大半は会社生活でしたから、時間を比較的自由に使える小学校から大学までの長期の夏休みは、まるで七月の陽光のように思い出の中でひときわ輝いて見えます。

三好達治に「七月は鉄砲百合」という詩があります。

七月は鉄砲百合　烏揚羽《からすあげは》がゆらりと来て　遠い昔を思はせる
七月はまた立葵《たちあおい》　色とりどりの　また葡萄棚《ぶどうだな》　蔭《かげ》も明るい
彼方《かなた》の丘の松林　松の香りに蟬の鳴く（後略）

こうした情景は記憶の中の夏休みと重なり、懐かしさとともに何か大事なものを置き忘れてきてしまったような喪失感にとらわれるのはなぜなのでしょうか。年年歳歳、春が来て夏が来て、秋が来て冬が来て、また春が来て夏が来て……と、人々は四季の経巡りの中を生きてゆきますが、人生は不可逆、川の流れのように昼夜分かたず流れて行った時間は決して元に戻ることはありません。過ぎ行く時間の中に置き忘れてしまったものは決して取り返すことはできないのです。この後悔の念はしかし加齢とともに次第に希釈されて、最近はむしろ人生はいつもいつもそうした置き忘れをするものなのだと達観（？）するようになりました。感傷とは心の疲労、痛みや悲しみを修復する癒しの力なのだ、と。

老、考、孝

孝を以て老に仕えよ

毎年、敬老の日を迎えると思うことがあります。日本人の敬老精神はどこへやら、最近はスマホいじりの便のためなのでしょうか、混み合う電車内でお年寄りに席を譲る光景などめったに見受けられなくなってしまったのはさみしいことだ、と。

漢字の「老」は一説に長毛の老人（耂）が杖を突いている様子（匕）をかたどった象形文字、また一説には老髪を垂れている形（耂）と衰残《すいざん》の人（匕＝化）の意との会意文字であるとされています。

よく似た字に「考」があり、〔かんがえる〕意に用いますが、元は「老」の省画「耂」と、コウの音を表す音符（曲がる意）の「丂」とでできた形声文字で、〔腰の曲がった年寄り〕の意です。〔生きているちち、はは〕には「父、母」、〔亡くなったちち、はは〕には「考、妣《ひ》」を用います。「先考《せんこう》」「先妣《せんび》」のような言い方もあります。〔かんがえる〕は借りて用いたものです。

「孝」も字形が似ています。字音コウ・キョウは「享」と同じで、「孝」と「享」ともに〔祖先に飲食物を供えて祭る〕意があります。字形の「耂」は「老」の省画で、これに「子」を合わせた構成です。「子」の字音シは「飼」に通じ、〔やしなう〕の意があります。〔老人を養う、ひいて自分の親によく仕える〕というのが字義です。

「孝」は戦後、その価値が減衰しつつありますが、今も大切な徳目です。「孝」についての教えは、日本でも昔から繰り返し行われてきました。そのいずれも今日になお通じる教訓が読み取れます。そんな中、唱歌「孝の道」（江戸時代末の作）の一節を筆者流の現代語に超訳して次にご紹介しましょう。

「指また爪にしみついたお下《しも》の世話のけがれをも、厭《いと》うことなく愛《いと》おしみ、おいしいものはまず子に与え喜ぶ顔を楽しみに、子の泣く声を聞くときは胸騒がせて乳含ませる、何の苦労があるものか、すくすく育てと生い立つままに、二年三年月日がたって母の容色衰え見せる、そんな我が身を顧みず、這えば立て立てば歩めと、ただ祈る日々……」。人生のゆりかごの時代の無償の母の愛の形です。しかし、

「あれやこれやのおん恵み、みんな忘れて利口顔、よからぬ遊びに夜を更《ふ》かし、大酒飲んで大騒ぎ、親の心配どこ吹く風と、意見・小言も聞く耳持たず、自分ひとりで大きくなったと、思い上がりつけ上がり、父さん母さん踏みつけにして……」。

いつの時代にもそんな不孝者がいるもので、とかく忘れがちなのが親の恩です。「老」には「孝」をもって仕える、その日本人の一大美徳を心に銘記して忘れないようにしたいものです。

雪、新

笑みの絶えぬ団欒

今年は去年の、そして今日は昨日の続きでありながら、年が改まると、気持ちの方もまるで若水で洗われたようにすっきりと改まる感じがしますから不思議なものです。

新《あら》しき年の始に豊の年しるすとならし雪の降れるは（三九二五）
新《あらた》しき年の始の初春の今日降る雪のいや重《し》け吉事《よごと》（四五一六）

二首とも『万葉集』からです。いずれも新年に降る雪を「豊の年」や「吉事」のことほぎと見立てる予祝《よしゅく》の歌で、荘重な調べがあります。「雪」の本字は「雨」の下が「彗《スイ》」で、意符「雨」と音符「彗」（まっしろの意の潔に通じる）との形声文字（『角川大字源』）です。一方、『字統』は「雨の下に羽の舞うような形を添え」た象形文字としています。確かに古字を見ると小枝に雪片の付着した様子にも見えます。

国語の「ゆき」は、「斎清《ユキヨ》の義　潔白をいふなるへし」（『倭訓栞』）や、「ゆハ斎《ユ》、きハ潔白《キヨキ》ノ義」（『大言海』）との説があります。「雪」に〔すすぐ〕の訓があって、雪辱（恥をすすぐ）、雪冤《せつえん》（無実の罪をすすぎ清め、青天白日の身となる）などの語を作ります。「雪」のセツの音が「拭《ショク》」や「刷《サツ》」

に通じることによります。国語の「ゆ（斎）」には清浄、神聖の意があり、雪によって清浄へと雪がれるというイメージの連続性があって、興味深いものがあります。

「新年」の「新」は「あたらし」と訓じますが、元「あらたし」でした。〔もったいない、惜しむべきである〕の意の「あたらし」と混融し、『古今集』では既に「あたらしき年の始にかくしこそ千年をかねてたのしきを積め」のように用いられています。

漢字の「新」は「辛」（針の意）と「木」と「斤（斧の意）」からなり、『字統』によれば、新しい死者の神位を作る新木を用いるのに、弓を射て矢の当たったものを選ぶという中国の古代宗教にまつわる文字のようで、国語の「あたらしい」とは随分隔たった成り立ちです。

『万葉集』からもう二首。

新しき年の始に思ふどちい群れてをれば嬉《うれ》しくもあるか（四二八四）

正月《むつき》たつ春の始に斯《か》くしつつ相し笑みてば時じけめやも（四一三七）

歌意は、四二八四が「新年の初めに気の合った仲間が集まっているとなんとも嬉しいものだ」、四一三七が「正月の春初めにみんなが互いにこうして談笑し合っていればよい時でない時があるだろうか」といったところです。

みんな集まって笑いの絶えない団欒こそよいものはありません。年改まり心身も改まる厳粛さとともに、皆さんにとってなごやかで楽しいお正月でありますように。

国　帰る所のある幸せ

二月十一日は、建国記念の日です。「神武紀」に「辛酉年《かのとのとりのとし》の春正月《むつき》の庚辰《かのえたつ》の朔《ついたちのひ》に、天皇《すめらみこと》、橿原宮《かしはらのみや》に即帝位《あまつひつぎしろしめ》す」とあり、神武天皇即位のこの日を今の暦に置き換えると二月十一日になるわけです。

この日は、もと「紀元節」といいましたが、日本が戦争に負けて連合国軍の占領下にあった時代に、祝日から除かれました。独立を回復してから、紀元節復活の国民運動によって昭和四十一年の国民の祝日法改正で建国記念の日として祝日に加えられ、翌年から施行されました。江藤淳の『閉された言語空間』（文春文庫）によると、占領軍の民間情報教育局（ＣＩＥ）は、修身・歴史・地理教育の中止指令などのほかに、新聞・放送・出版等の検閲によってウォー・ギルト・インフォメーション・プログラム（戦争の罪悪感を日本人に植え付ける情報工作）を実施しています。

これは、軍国主義はもう懲り懲りという当時の国民的な心情と相まって、知らぬ間に意識の深層部に浸透していきました。そして、何となく「国＝悪」「国＝恥ずべきもの」というイメージが刷り込まれたのです。この刷り込みは戦争を経験していない世代にまで引き継がれ、祖国に対する負のイメージ工作は教育現場や大手マスコミなどによって止むことなく再生産され続け、それが中韓の歴史認識外交戦に利用されているのは皆さんのよく知るところです。

平和より戦争の方が好ましいと考える人はいませんが、平和は武力なしに手に入れられるものでないことは歴史が物語る通りです。漢字の字形がそれを教示します。「国」はもと「國」と書かれました（「国」は俗字）。「國」は「口」と「或」とから成り、「或」は「口」と「戈」とから成っています。「口」は囲いを、「戈」は武器を表しています。武装都市の意なのです。古くは「或」だけで〈くに〉の意に用いられましたが、「或」が〈ある、あるいは〉などの意に用いられるようになって、改めて「或」を「口」で囲った「國」が〈くに〉の意を表す文字として使われるようになったわけです。

アジアでは多くの国々が欧米列強の植民地となる亡国の経験をしています。国を失うということがどんなことかに思いを馳せましょう。武力なしには、国民の生命や財産の安全は保たれず、植民地と化すれば固有の文化や言語すら失われかねないのです。

鳥よ汝《なれ》に帰る國帰る家ありや　幸助

文人政治家だった滝沢幸助はこの句に付して「『帰るところがある』といふことは、うれしいことである。幸せとは、帰る國が、故郷が、家が、自分にはある、と思ふことであらう」と記しています。

時　無情さに癒す力も

六月十日は「時の記念日」。時間を尊重し生活の改善や合理化を進めようと、天智十（六七一）年四月二十五日（今の暦の六月十日）、宮中に水時計が設置されたのを記念し、大正九年に定められました。

「時計」は時間を計り時刻を表示する機械ですが、「時計」と書いてなぜジケイではなくトケイなのか、案外知られていません。時を計る道具には二系統がありました。水時計と日時計です。水時計は容器内の水の減り具合で時の経過を知る道具でこれを漏刻といい、日時計は日の回りによって影が動くのを見て時の経過を知る道具です。

古代中国で暦を作るために日影の長さを測った柱状の道具である土圭を日時計そのものと誤解し、「時」を測る道具をトケイと呼びました。西洋渡来の機械式のものもトケイです。トケイは斗計・斗鶏・斗景なども書かれ、いつしか「時計」が常用されるようになったのです。

漢字の「時」は意符の「日」と音符の「寺《ジ》」から成り、音符の「寺」は古文では「止《シ》」となっていて、「止」は「徙（シ、うつる）」の意。「太陽の移行の意。ひいて、太陽の運行によって定められた時間、『とき』の意に用いる」と『角川大字源』にあります。「時」というものは、時計によって、針の動きや、数字表示などで細かく把握できるようになりましたが、それは始まりも分からない往古から来て終わりも知らぬ未来永劫《えいごう》へと流れていく「時」というものの便宜的な可視化装置に過ぎません。「時」の本質、正体は時計の中には存在しないのです。

「時」は決して遡《さかのぼ》ることを許しません。行ったきり決して還ることがない、「時」にはそうした無情さがあります。筆者は年老いて、近頃とみに昔日を追憶することが多くなりました。それはほろ苦く悲しみに似ていて、それでいて甘美な、一種不思議な感情です。感受性の強い傾向の人に、人間誰しも持つその過去への愛着の念が少し過ぎて、往々毎日悲しみに明け暮れる人がいます。特に大切な人との死別の後など、いつまでも立ち直れない気の毒な人。そういう方に、三好達治の次の詩句（「昨日はどこにもありません」の一部）を送りましょう。

今日悲しいのは今日のこと　昨日のことではありません
昨日はどこにもありません　今日悲しいのは今日のこと
いいえ悲しくありません　何で悲しいものでせう
昨日はどこにもありません　何が悲しいものですか

「時」は無情ですが、その無情さの中にかえって心の傷を癒す力が隠れているのです。

暑、涼　不二という道しるべ

「暑い」と口に出して言っても涼しくならないことは分かっていても、つい「暑い」と口をついて出るのが日本の八月です。漢字の「暑」はよく見ると、字形の中にお日様が二つも入っています。なんて、これは冗談。上部の「日」は太陽を表す意符ですが、下部の「日」を含む「者」は音符で、シャの音がショ→ショウ（焼）に通じ、「太陽が焼けるように照りつける意」と『角川大字源』に。一方、漢字の「涼」は、リョウの音が**レイ**（冷）に通じ、〔水の冷たさ、ひいてはすずしさ〕を表す字です。

国語の「暑い」「涼しい」は共に形容詞ですが、活用が少し違い、「〜ない」を付けたとき、「暑ク・ない」「涼シク・ない」のように、**ク**と**シク**に分かれ、前者を**ク**活用、後者を**シク**活用の形容詞といいます。多くの場合、**ク**活用の形容詞は、高い・深い・広いのように客観的な状態や感覚を、**シク**活用の形容詞は、美しい・悲しい・楽しいのように主観的な心情を表す語が多いことが認められます。「暑い」のは体で感じ、「涼しい」のは心で感じるのだということができるかもしれません。

知の活動はこのように何事かを分けて観察し、その差異の何であるかを求めようとすることです。そうです、分析こそが知の活動のエンジンなのです。しかし、「分析」の手法を超える世界のつかみ方を提示する考え方が、維摩経《ゆいまきょう》という古い経典にあります。維摩経は在俗の仏教信者の維摩居士が多くの菩薩や聖者に逆に仏の道を説くという珍しいお経です。

そこで説かれるのが不二の法門です。世の中は「暑い」から「涼」を求め、「不幸」はいやだから「幸せ」になりたい、「貧乏」でなく「金持ち」になりたい……と、そういうふうに思う人だらけですが、維摩風に見れば、それは或る無数の見方をすることのできる事象を或る一面からそれぞれ見ているだけで、暑い・涼しいも、不幸・幸せも、貧乏・金持ちも対立するものではなく実は同じものなのです。とはいえ、ここで言う同じとは、例えば本質といったような一つの何かではありません。それは千差万別の見方ができるのだから、決して一つとはいえません。二であるが、不二である。ざっくりといえば、そういうことなのです。

解脱の対極は煩悩で、解脱とはその束縛から解かれた自由の境地です。解脱を願う者には煩悩は克服すべき障害ですが、不二の考え方をすれば、煩悩のただ中に解脱があります。煩悩から解脱へという思いに縛られることもまた煩悩です。楽は苦の種。幸せが不幸の、不幸が幸せの始まりであるように、煩悩と解脱を二とは見ず、苦楽併せて普通に生きる、これぞ自然に肩の力が抜けるような不二の知恵というべきでしょう。

十

満点の下に置く満点

秋たけなわの十月、小宅では好天の空を渡る風がどこぞの学校の運動会の子供らの歓声や軽快な行進曲の調べを運んでくることもあります。

その十月の「十」は、金文などでは「丨（コン）」の形で表されています。白川静の『字訓』によると、「横線は一、×は五、丨は十を示すものとされたのであろう」とし、「丨」の中央部に記号的な意味を明示するために、後に点を加えたのだそうです。「十」の字形の始まりです。

一方、「ジュウ」という音声は「拾・集・聚と関係があろう」とし、「拾はのち十の代用」として用いると指摘しています。「拾」は手偏（扌）に「合」を合わせた字形で、〔両手の指を合わせて十〕の意味になることから、「十」の代役を務めることになるのです。

二宮尊徳の訓話に「九の字に一点を加えて、丸の字を作れるは面白し、〇は則《すなわち》十なり」というのがあります。漢字学的には俗解と切り捨てられる説ですが、十を〇（丸）とみる感覚、つまり十をもって円満具足するという感覚は、われわれの心の中にあるように思うのですがいかがでしょう。

慣用句の「十中八九」や「九分九厘」は、十を満点にしたときに〔八割・九割方〕〔九九パーセント〕の意、つまり〔ほとんど〕の意に用いられます。「十全」は〔完全であるさま〕をいい、「十分」は〔満ち足りて欠けるところのないさま〕をいいます。両方とも〝十を満点とする〟考え方を基にした言葉です。けれども、用心しなくてはなりません。「〇」はゼロを表す記号でもあるのです。振り出しに戻るという寓意《ぐうい》が、そこから読み取れるからです。

考えてみると、完全・完備・完結…などと、口で言うのは簡単ですが、完全の次に超完全の状態があり、超完全の次に超々完全の状態などというものがあった試しがないことを、私たちは経験則として知っています。

つまり、満点とは、テストの結果とか、恋愛の成就とか、或る目的を達成し得たときの或る一定の範囲内の事象に過ぎず、人生における満点など実はどこにもないのです。特に、生真面目な人に、自らの欠点を必要以上にほじくり出して、満点でない自分を嘆くなどということがありがちです。中身が空っぽなのに自信満々な人よりもましですが、愚かしい謙虚さというべきでしょう。

ことわざに「十分はこぼるる」とあります。コップの縁までいっぱいに水を注いだら、ちょっとした揺れにも水はこぼれてしまいます。水は縁より少し下の位置まで、つまり満点を十点より少しだけ低いところに置く、これぞ人生を生きる知恵といえましょう。

口の業に「戒語」あり

良寛禅師に次のような詩があります。

玄冬《げんとう》十一月　雨雪まさに霏々《ひひ》たり　千山同じく一色

万径人の行くこと稀《まれ》なり　昔遊《せきゆう》総て夢と作《な》り　草門深く扉を掩《おお》ふ

終夜榾柮《こつとつ》を焼き　静かに古人の詩を読む

大意は「冬十一月、雨雪が盛んに降り、多くの山々が皆一色に染まり、どの道も人の行き来は稀である。昔日、方々を行脚したことなどすべては夢となった。草庵の扉を深く閉ざし、夜もすがらたきぎを燃やし、静かに古人の詩を読む」といったところでしょうか。「玄冬」は冬の異称、「榾柮」は木の枝などたきぎの意です。

良寛は、誰もが知る俗塵《ぞくじん》を超脱したお坊さんです。でも、畏れ多い高徳の僧なんかではなく、身なりも粗末な乞食僧で、手毬《てまり》をついて村の子供たちと仲良く遊ぶ天真爛漫な人と、大概の人はそんな風なイメージを抱いているのではないでしょうか。しかし、己をして生涯身を立てるのに懶《ものう》く、太平の一閑人に過ぎないと位置づけて、俗界への関心を捨てた良寛が、意外やかなりの人間通だったことが、弟子・貞心尼《ていしんに》が書き残した「戒語」という語録からうかがえます。九十カ条ある「戒語」から拾ってみると、

・ことばの多き　・話の長き
・差し出口　・手柄話　・自慢話
・減らず口　・へつらふ事
・人の物言ひきらぬうちに物言ふ
・たやすく約束する
・よく心得ぬ事を人に教ゆる

・しめやかなる座にて心なく物言ふ
・人の隠す事をあからさまに言ふ
・親切らしく物言ふ
・人のことわりを聞き取らずしておのが事を言ひ通す
・よく知らぬ事をはばかりなく言ふ
・人に物くれぬ先に何々やらうと言ふ

どれもこれも、とかくありがちな人の性《さが》。良寛はよく観察しているのです。

ところで、漢字の「口」は象形文字で「人間の開かれたくちを、真正面から見たさまにかたどる」と『角川大字源』にあります。字音のコウは「孔」と関係があり、〔あな〕の意があります。飲食の入り口であり、また言葉の出口でもあります。

この良寛の「戒語」のいずれかに、「これは自分のことだ」と、はっと誰も気づかされるところがあったのでは……。口の業は身を損なう大本にもなるのです。言葉は口から出るのは簡単ですが、一旦出た言葉はのみ込み返して何事もなかったようにはできないのです。良寛の「戒語」、人生の道案内として役立てたいものです。

懐

喜びを生む懐かしさ

筆者老後の楽しみの一つが温泉巡り。寒い時期には特に、好きなだけ温かい湯に浸れるのは、無上の悦楽といわずして何でありましょう。家内の友人が煩を厭わず車であちこちの温泉に連れて行ってくれます。ドライブ気分で、窓越しに見る山村ののどかな風景もまた素晴らしく、田畑や田舎風の家のたたずまい、鎮守の杜、道の辺の道祖神、たわわに実を残す柿の木、竹籔、そして郵便局や、たまにしか来ないバスの停留所など、何だか初めて見る風景とはとても思えないような既視感にとらわれることがしばしばです。

「あの農家の欅の木の前の畑を下ってゆくと、小さな沢があって、カニを捕まえたことがあったっけ」「山あいの鐘の鳴り響くころ、自分の大きな影法師を追ってどこまでも駆けて行って遊んだっけ」などと、いつの間にかうっとりと夢想の中に遊んでいます。この夢想を生む既視感の正体は一体何なのだろうと筆者はかねがね気にかかっていました。そして、或る時、それは「懐かしさ」という心の働きなのだと、ほとんど直観的に理解したのです。

漢字の「懐」は常用訓の〔ふところ、なつかしい、なつかしむ、なつく、なつける〕のほか、

〔いだく、おもい、おもう、こころ〕とも訓じます。「懐」の字形は常用漢字体で、正字は「懷」。旁の部分は「衣」の間に罒と二に似た二本棒が左右に配されています。これは「氺」（水の意）の変形で、目から垂れる水、すなわち涙を表しています。

『字統』によると、死者の胸元に涙を注ぐ字形ですが、筆者には何だか泣きべそをかく子供が母親のふところにかき抱かれているうちに、やがてすやすやと寝息を立て始めるといったイメージが浮かびます。

数学者で文化勲章受章者の岡潔は或る講演で、生まれたての自分の孫を観察して、生後三カ月ぐらいまでの間、一口にいえば「懐かしさと喜びの世界」に住んでいる、と述べています。赤ん坊にとって、見るもの聞くものの外界がみな懐かしいのだ、と。だから、孫の顔に顔を近づけると笑顔で喜び、話しかけるとうれしがって手足をばたばたさせて喜ぶ、とも。そして、「懐かしさの基盤から喜びがほとばしり出る」のだと喝破しています。

幸せとは、日々そうした天性備わっているはずの懐かしいと思う心がもたらす喜びのうちにあります。それは祖国をけなし、祖国に唾をかけるリベラル流の自己嫌悪の心からは決して生まれません。日本人なら、母に抱かれる如く、郷土に抱かれる如く、この日本の風土に抱かれて、そこに生じる喜びをもって生きたいものです。とかく忘失しがちな「懐かしく思う心」の涵養が強く求められる所以《ゆえん》です。

あとがき

平成二十二年、長年勤めた産経新聞社を退社して、余暇ならぬ大暇を得ました。若い頃には何か長大感があり気後れして読みたくても読めなかった『日本書紀』を手に取ってじっくりと読み進めてゆくと、ぐんぐんと日々に心を奪われていきました。私の場合、特にそこに書かれていることば（国語）について強い関心を覚えたのです。

私は昭和二十年一月生まれです。私たち世代は占領軍によるウォー・ギルト・インフォメーションに呪縛されたいわゆる戦後教育によって徹底的に特異な思想を吹き込まれました。中学・高校の教育現場から遠ざけられていた代表格が『日本書紀』でした。或る時、私たちにはこの国の曙、この国の人々の暮らしの暁を思い描くよすがすらないことに気づいて、愕然としたものです。

私たちの命にも、用いている言語にも遠い祖先というものがあります。自分の命を遡って行けば、幾重にも層を成す祖先に巡り会えるはずです。同様に、私たちが用いている国語にも幾重にも層を成す祖先がいるはずなのです。こうして遡ってゆけば、自分の命、自分の国語がその曙の大地にしっかりと根を下ろしていることについて無限に近い安堵の念を実感できるに違いありません。

そう考えると、この国の上古の曙への郷愁抑えがたい思いを禁じ得なくなりました。本書はそんな上古思慕、なかんずく国語思慕の記でもあります。ことばの姿が見えてくれば私たちのこころの形も見えてくるはずです。本書を送る令和二年は奇しくも『日本書紀』成立千三百年に当たる年です。何やら先人の格別の導きを思わずにはいられません。

第二部の「漢字の知恵に学ぶ」は、平成二十三年一月から二十七年十二月まで、『解脱』誌（宗教法人解脱会刊）に連載したものから適宜選び、加筆したものです。併せて、ご一読くだされればありがたく思います。

著　者

令和二年七月

ぱるす出版図書案内

田中　真澄

幸せな人生を歩むための8つの法則

～84歳の社会教育家が語るとても大切なこと～

1500円＋税　四六判・上製本　216頁

独立以来41年間、日本初のモチベーショナル・スピーカーとして7000回を超える講演を誇る著者が語る充実人生の極意！

田中　真澄

朝礼・会議で使える田中真澄の61話

1300円＋税　四六判　212頁

心に残る言葉、やる気が出る話、勇気を与えるエピソード等々、著者40余年の集大成！

柳平　彬

やる気を引き出す　言氣の心理学

～働き方か生き方改革か～

1200円＋税　四六判　224頁

働き方とは一人ひとりの生き方が凝縮されたもの。人間が働くことの意味を改めて問い直す。

木村　俊昭

地域創生の本質～イノベーションの軌跡～

1300円＋税　四六判　200頁

「スーパー公務員」として全国に旋風を巻き起こした著者が、全く新しい手法・五感六育による地域づくりの真髄と具体的な手法を明快解説！

星　亮一

会津藩燃ゆ―我等、かく戦へり―【令和新版】

1800円＋税　四六判　400頁

押し寄せる薩長政府軍に敢然と立ち向かった会津武士、感動の物語！　今「令和」の時代によみがえる！

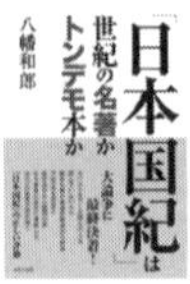

八幡　和郎

「日本国紀」は世紀の名著かトンデモ本か

1600円＋税　四六判　264頁

大ベストセラー『日本国紀』の正しい読み方を明らかにする。大論争を最終決着させる話題沸騰の書。

木本　努

シングル父さん子育て奮闘記

1300円＋税　四六判変形　210頁

3人の子供を遺して逝った妻。仕事に子育てに、一人の男の闘いが始まった。壮絶な、しかし感動的な物語。2019年ベストファーザー賞。

岡本眞一・青木俊明・山口就平／共著

タイの自然と蝶

3600円＋税　A5判　256頁　オールカラー

世界有数の蝶々の王国・タイ。そこに生息する蝶の全てをオールカラーで紹介した本邦唯一の本。

春名　伸司

末期ガンを乗り越え100歳をめざす

1143円＋税　四六判　168頁

末期ガンを乗り越えた壮絶な闘病録。非凡な人間力試練を乗り越えた魂の記録。

大畑　誠也

答は現場にあり

1143円＋税　四六判変形　168頁

教育の再生は親と子の関係改善にある。教育改革に敢然と取り組んだ感動の物語。

村山　順子

人生を変えた10行の手紙

1200円＋税　四六判変形　152頁

夫との突然の別れで鬱状態の筆者に生きる希望を与えたのは夫からの10行の手紙だった。

佐々木　正美

お母さんの安心子育て

1143円＋税　四六判　188頁

毎日の子育てで本当に大事なことは何かを平易な言葉で解説。

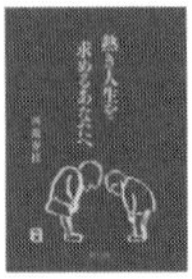

西端　春枝

熱き人生を求めるあなたへ

1200円＋税　四六判変形　160頁

実業家として宗教家として歩み著者が到達した人生の生き方の極意を語る。

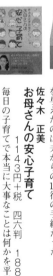

小林　牧牛

くよくよするなあるがまま

1800円＋税　A4判変形　46頁・オールカラー

お地蔵さまとの対話すると心がおちついてくる。
不思議な牧牛陶人形の世界。

小林　牧牛

陶人形の世界

1500円＋税　四六判変形　64頁・オールカラー

牧牛陶人形と珠玉の言葉。感動の写真詩集。

大越　桂

あしたの私は幸せになる

1400円＋税　四六判変形　128頁

重度な障害を抱え寝たきりになりながら明日に希望を見る珠玉の魂の文集。

石川　洋

生きるんだよ

1600円＋税　四六判変形　128頁

母に対する感謝、生い立ち、一燈園での教え、露頭での修行等々著者の生き様。

石川　洋

つづいてこそ　道（ポケット版）

365円＋税

石川洋の心温まる箴言満載。

石川　洋

一日一日を生きる（ポケット版）

365円＋税

石川洋の心温まる箴言満載。

月刊紙

「月刊ぱるす通信」

A3　4頁　オールカラー

毎月12日発行　年11回

年間購読料／5000円（税送料込）

カレンダー

石川　洋

日めくりカレンダー**「一日一根」**

762円＋税　縦182×230㎜

「1日　人生今からだ」・・・石川洋の箴言を一日一日かみしめる。

佐々木　正美

母さんの安心子育てカレンダー　日めくり

1143円＋税　縦225×横180㎜

子育ての毎日の要点を31の平易な言葉で表現。楽しい日めくりカレンダー。

小林　牧牛

日めくりカレンダー**「何歳になっても夢の中」**

1300円＋税　A5　17枚綴り（両面印刷）

1日・今が全て　2日・人生だれでも今が旬　3日・うしろをふり向かず前を向いて歩こう　一歩一歩……。

石川　洋

2021石川洋オリジナルカレンダー**「朝はいただきもの」**

1200円＋税　見開きサイズ　縦444㎜横293㎜

毎年完売の人気商品！毎年10月発売開始

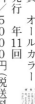

塩原　経央（しおばら　つねなか）

昭和20（1945）年生まれ。
横浜国立大学卒。元産経新聞校閲部長、論説委員。國語問題協議會評議員、日本詩人クラブ会員。日本現代詩人会会員。

主な著書
『「国語」の時代』（ぎょうせい）
『赤ペン記者の気になる言葉の雑学』（リバティ書房）
『校閲記者の泣き笑い人生』（チクマ秀版社）
『国語の底力』（産経新聞出版）
『幼児の底力』（産経新聞出版）
詩集に『瘤』『耳ヶ丘団地』『うさぎ』『月』等。

国語の原風景～上古の言葉と漢字の知恵～

2020年9月4日　初版第1刷

著　者　　塩　原　経　央
発行者　　梶　原　純　司
発行所　　**ぱるす出版** 株式会社
東京都文京区本郷2-25-14　第1ライトビル508　〒113-0033
電話（03）5577-6201　FAX（03）5577-6202
http://www.pulse-p.co.jp
E-mail　info@pulse-p.co.jp
本文デザイン　オフィスキュー／表紙デザイン　㈱WADE

印刷・製本　株式会社平河工業社

ISBN978-4-8276-0256-2　C0081